Trade marketing

PUBLICAÇÕES
FGV Management

MARKETING

Trade marketing

Leandro Angotti Guissoni
Rafael D'Andrea

Copyright © 2019 Leandro Angotti Guissoni; Rafael D'Andrea

Direitos desta edição reservados à
FGV EDITORA
Rua Jornalista Orlando Dantas, 37
22231-010 I Rio de Janeiro, RJ I Brasil
Tels.: 0800-021-7777 I 21-3799-4427
Fax: 21-3799-4430
editora@fgv.br I pedidoseditora@fgv.br
www.fgv.br/editora

Impresso no Brasil / *Printed in Brazil*

Todos os direitos reservados. A reprodução não autorizada desta publicação, no todo ou em parte, constitui violação do copyright (Lei nº 9.610/98).

Os conceitos emitidos neste livro são de inteira responsabilidade dos autores.

1ª edição – 2019

PREPARAÇÃO DE ORIGINAIS: Sandra Frank
EDITORAÇÃO ELETRÔNICA: Abreu's System
REVISÃO: Fatima Caroni I Marcia Glenadel Gnanni
CAPA: aspecto:design

Ficha catalográfica elaborada pela Biblioteca Mario Henrique Simonsen/FGV

Guissoni, Leandro Angotti
    Trade marketing / Leandro Angotti Guissoni, Rafael D'Andrea.
– Rio de Janeiro : FGV Editora, 2019.
    168 p.

    Publicações FGV Management.
    Área: Marketing.
    Inclui bibliografia.
    ISBN: 978-85-225-2133-3

    1. Marketing. 2. Comércio varejista. 3. Canais de distribuição.
4. Vendas – Promoção. I. D'Andrea, Rafael. II. FGV Management.
III. Fundação Getulio Vargas. IV. Título.

CDD – 658.87

Aos nossos alunos, colegas docentes e aos executivos, que nos inspiram para avançarmos no conhecimento.

Sumário

Apresentação	9
Introdução	11
1 | O conceito de trade marketing	**13**
Fundamentos de trade marketing	13
Selling in e *selling out*	20
O ambiente de negócios no varejo	
e a atuação do trade marketing	22
Trade marketing e sua função estratégica:	
o que esperar de sua atuação	28
Estrutura e atribuições do trade marketing	29
Trade marketing como diferencial competitivo	44
2 | Fases de execução do trade marketing	**47**
Trade marketing mix	47
O grande desafio: como integrar gestão de produtos,	
comunicação, preço, força de vendas e canais de distribuição	51
Plano de trade marketing	54
Mensuração e avaliação dos resultados de trade marketing	70
3 | Shopper e consumidor: conhecendo seus hábitos de compra	**89**
Fundamentos de shopper marketing	89
O shopper e seu processo decisório	98
Marketing ao consumidor, shopper marketing, merchandising	100
A influência do shopper a favor da marca	103

4 | Tendências e perspectivas em trade marketing   123
Omnichannel: a jornada de compras do shopper e como
a tecnologia influencia cada vez mais o trade marketing   123
Mudanças no ambiente de negócios no varejo e autosserviço   129
Experiência de compra e engajamento do consumidor   144
Neuromarketing: entendendo a mente do shopper   147
Perspectivas sobre a atuação e a remuneração
do profissional de trade marketing   150

Conclusão   157
Referências   161
Autores   167

Apresentação

Este livro compõe as Publicações FGV Management, programa de educação continuada da Fundação Getulio Vargas (FGV).

A FGV é uma instituição de direito privado, com mais de meio século de existência, gerando conhecimento por meio da pesquisa, transmitindo informações e formando habilidades por meio da educação, prestando assistência técnica às organizações e contribuindo para um Brasil sustentável e competitivo no cenário internacional.

A estrutura acadêmica da FGV é composta por escolas e institutos, todos com a marca FGV, trabalhando com a mesma filosofia: gerar e disseminar o conhecimento pelo país. Dentro de suas áreas específicas de conhecimento, cada escola é responsável pela criação e elaboração dos cursos oferecidos pela FGV Educação Executiva, criada em 2003 com o objetivo de coordenar e gerenciar uma rede de distribuição única para os produtos e serviços educacionais da FGV.

Este livro representa mais um esforço da FGV em socializar seu aprendizado e suas conquistas. Ele é escrito por professores da FGV, profissionais de reconhecida competência acadêmica e prática, o que torna possível atender às demandas do mercado, tendo como suporte sólida fundamentação teórica.

A FGV espera, com mais essa iniciativa, oferecer a estudantes, gestores, técnicos e a todos aqueles que têm internalizado o conceito de educação continuada, tão relevante na era do conhecimento na qual se vive, insumos que, agregados às suas práticas, possam contribuir para sua especialização, atualização e aperfeiçoamento.

Rubens Mario Alberto Wachholz
Diretor da FGV Educação Executiva

Sylvia Constant Vergara
Coordenadora das Publicações FGV Management

Introdução

O objetivo deste livro é apresentar ao leitor os fundamentos e as aplicações de trade marketing, principalmente no contexto de empresas de bens de consumo, varejistas e do consumidor no momento da compra (shopper). Por se tratar de uma função organizacional formada em meados da década de 1990, ou seja, em um período mais recente quando comparada a outros departamentos tradicionais nas empresas, nossa expectativa é de que, com o livro, o leitor possa ampliar sua compreensão sobre o escopo de trade marketing e também sobre os métodos, ferramentas, desafios e perspectivas para a área.

O livro está estruturado em quatro capítulos. O primeiro trata do conceito de trade marketing, abordando sua origem e perspectiva histórica, as transformações no ambiente de negócios do varejo e o papel da área. Assim, o objetivo é facilitar para o leitor o reconhecimento do que é trade marketing, sua importância, o escopo da atuação dos seus profissionais e inserção nas organizações. Também é nosso objetivo estabelecer a relação entre o trade marketing, marketing e vendas.

O segundo capítulo é dedicado a um conjunto de ferramentas e seus exemplos de aplicação nas etapas envolvidas na elaboração do plano de trade marketing, incluindo as decisões de sortimento, preço, visibilidade no ponto de venda e promoção.

O terceiro capítulo descreve a relação entre trade marketing e shopper marketing e apresenta possibilidades para influenciar o shopper em favor de determinada marca. O intuito é diferenciar shopper e consumidor, explicar o conceito de shopper marketing e sua importância para as empresas de consumo no contexto do plano de trade marketing.

O quarto capítulo apresenta as tendências em trade marketing. Nele procuramos fornecer ao leitor informações sobre as principais perspectivas na área envolvendo o ambiente de varejo, novas tecnologias e, por fim, a atuação dos profissionais de trade marketing. Ao final, uma breve conclusão com o objetivo de consolidar as ideias apresentadas no livro.

1
O conceito de trade marketing

A necessidade de que fabricantes de bens de consumo orientassem, a partir de 1990, seus modelos de negócio e estímulos de marketing para o cliente intermediário, como o varejo, em vez de focar apenas no consumidor final, culminou no surgimento da área de trade marketing. O capítulo apresenta o trade marketing e seu papel nas organizações, o escopo da atuação de seus profissionais e as relações com os departamentos de marketing e de vendas.

Fundamentos de trade marketing

O termo trade marketing refere-se à integração de objetivos e atividades entre as indústrias e seus canais de distribuição, ou seja, com o conjunto de organizações interdependentes envolvidas como intermediários no processo da indústria, no sentido de disponibilizar seus produtos para uso ou consumo dos clientes finais (Coughlan et al., 2006). Pela perspectiva da indústria de bens de consumo, por exemplo, tais organizações intermediárias são denominadas canais de distribuição. Elas podem ser formadas por empresas varejistas, atacadistas e distribuidores. A premissa é a de que as indústrias (fabricantes) precisam estar orientadas para aplicar estímulos de marketing que as ajudem no relacionamento com o canal de distribuição (intermediários) e, também, ajudem a influenciar o consumidor no momento da compra, por exemplo, em uma loja varejista. Nesse caso, o consumidor é denominado shopper e, no decorrer do livro, é estabelecida a relação entre o conceito de shopper e trade marketing.

Trade marketing é definido como uma função organizacional e um conjunto de processos para orientar a indústria (fabricante) no relacionamento com seu canal de distribuição (clientes intermediários) e com o shopper no ambiente de compras (D'Andrea, Consoli e Guissoni, 2011). A função do trade marketing é alinhar interesses comuns e conflitantes entre essas empresas, buscando a colaboração entre indústrias e seus canais, com foco em ganhos mútuos a partir de melhorias nos níveis de experiência de compras do shopper.

A partir dessa definição inicial, é importante estabelecer a relação com o conceito de marketing. Segundo a American Marketing Association (2013), o papel do marketing como função organizacional é criar, comunicar e entregar valor aos consumidores. Esse papel abrange as seguintes etapas principais. (1) analisar o ambiente competitivo da empresa, envolvendo a concorrência e as variáveis incontroláveis como o ambiente político-legal, econômico-natural, sociocultural e tecnológico; (2) determinar os objetivos e estratégia de marketing, a partir da escolha de segmentos a serem atendidos prioritariamente com as ofertas da empresa e sua proposta de valor, ou posicionamento; (3) decidir atividades de marketing mix, seu orçamento, execução e controle dessas atividades. Esse termo – marketing mix – contou com McCarthy (1960) como proponente na década de 1960 e tornou famosa a versão dos 4 Ps integrando as denominadas variáveis controláveis de marketing – produto, preço, praça e promoção. Dessa forma, a função de marketing deve buscar três objetivos com a premissa de que as empresas ofereçam bens, serviços e benefícios para a satisfação de necessidades e desejos dos consumidores e dos clientes organizacionais, como distribuidores e varejistas. Primeiro, criar valor por meio de decisões de produtos (bens e serviços) a serem oferecidos e, na perspectiva da empresa ofertante, permitir que ela capture valor pelo nível de preço cobrado por esses produtos. Segundo, comunicar valor, por meio das atividades promocionais, ou de comunicação de marketing, como propaganda, patrocínios e outras. Por fim, o terceiro objetivo é disponibilizar sua proposta de valor aos clientes com as atividades de distribuição (praça) e vendas.

Contudo, na prática empresarial, muitas vezes ocorre uma aplicação diferente das atividades de marketing e é comum serem encontradas as seguintes situações: a área de pesquisa e desenvolvimento (P&D) cuida da decisão de produto; a área financeira decide os preços dos produtos; a área comercial se encarrega, com a área de logística, da decisão de canais de distribuição e das políticas de vendas dos produtos. Assim, ao marketing é delegada a função de comunicação de marketing e seu papel estratégico é reduzido nas corporações em relação ao que, de fato, deveria ser seu escopo.

Tradicionalmente, a função de marketing nas indústrias de bens de consumo tinha o papel de desenvolver estímulos de marketing com foco em comunicação, dirigidos aos consumidores finais. Porém, principalmente a partir da década de 1990, o setor varejista começou a crescer, a se consolidar e havia maior competição por parte das indústrias, que passaram a enfrentar maiores níveis de concorrência com o surgimento de produtos parecidos que atenderiam à mesma necessidade e desejo dos consumidores. Ou seja, o varejo passou a ganhar poder em relação às indústrias. Assim, a área de marketing entendeu que focar apenas no consumidor final não seria suficiente, pois a disponibilidade de produto no canal passou a ser de fundamental importância para que o consumidor encontrasse a oferta que a área de marketing o influenciou a buscar. Mais do que isso, não bastava apenas o produto estar

TRADE MARKETING

disponível para o consumidor. As indústrias precisavam garantir que a ativação de seus produtos no ponto de venda fosse coerente com a proposta de valor da marca, seus objetivos e estratégias em relação aos concorrentes. Assim, os profissionais de marketing nas indústrias de consumo entenderam que deveriam começar a se aproximar dos canais de distribuição, como as empresas varejistas, para garantir que a estratégia de marketing chegasse da maneira desejada pela empresa até o ponto de venda e, assim, influenciasse o shopper.

Esse entendimento incluía a chamada execução de mercado por parte das indústrias, compreendendo fatores de visibilidade no ponto de venda, preço de venda ao consumidor, promoções nas lojas, sortimento de produtos adequado de acordo com o perfil da loja e incentivos para o varejista oferecer o produto e seguir as orientações de execução de mercado de determinada indústria de bens de consumo. No entanto, havia um grande problema: a área do fabricante mais próxima do varejista é, muitas vezes, a área de vendas, que normalmente tem se apresentado separada da área de marketing nas estruturas organizacionais de diversas empresas. Nesse contexto, as áreas de marketing de algumas empresas criaram a função de trade marketing que, diferentemente da tradicional função de marketing focada em ações dirigidas ao consumidor final, trabalharia de maneira alinhada com a área comercial para desenvolver estratégias dirigidas aos canais de distribuição.

Nesse sentido, ao trade marketing é atribuído um elevado nível de envolvimento de seus profissionais nas atividades de distribuição e execução de vendas, com base nas premissas e fundamentos do conceito de marketing. Tal aplicação tem variado bastante, a depender do setor de atuação da empresa, sua estrutura organizacional de marketing e da área comercial, do porte da empresa e da estrutura da rede de clientes atendida pela empresa, por exemplo. Por outro lado, há um consenso de que, entre suas atribuições, a área tem contribuído para o desenvolvimento de ações promocionais por tipo de canal de distribuição, planos de incentivos a vendas e campanhas com foco não no consumidor, mas sim nos agentes de distribuição, além de exercer os devidos controles de métricas (indicadores) para fins de avaliação de resultados. Sua integração com outras áreas funcionais, como logística, também é crítica para a execução de trade marketing, principalmente no sentido de garantir a disponibilidade de produtos no ponto de venda de acordo com as estratégias de canais e trade marketing das empresas de consumo (Carvalho e Campomar 2014).

Trade marketing é um assunto relevante, principalmente no contexto de bens de consumo, pois tanto a indústria quanto o varejo são beneficiados por suas práticas – seja no sentido de melhorar o relacionamento entre eles, seja, também, no de obter incrementos de vendas a partir de melhores níveis de experiência ao shopper. Na perspectiva da indústria, as atribuições de trade marketing incluem várias atividades, como alinhar o calendário promocional conjunto dos seus canais de distribuição, buscar a melhoria contínua na execução das marcas nos pontos de vendas em termos de visibilidade, sortimento de produtos adequado ao perfil do canal e do cliente, políticas de preço adequadas e comunicação. Já na perspectiva do varejo, suas atribuições envolvem compartilhar informações sobre o perfil dos clientes, elaborar em conjunto o calendário promocional e buscar formas de facilitar o trabalho da área de trade marketing da indústria, objetivando criar uma experiência de compra melhor para os clientes de suas lojas, sejam elas físicas ou virtuais.

Considerando que os consumidores interagem com diversos tipos e formatos de lojas para buscar produtos e efetuar transações, a integração entre os diversos caminhos pelos quais os produtos das empresas de consumo estão disponíveis é de fundamental importância. Com isso, considerando o trade marketing uma área que contribui para estabelecer o relacionamento das indústrias com seus canais, ela deve, cada vez mais, buscar assumir seu papel como uma área relacionada com a de canais de distribuição nas empresas, orientada a entender e influenciar a chamada jornada de compras do consumidor, isto é, os momentos desde quando o consumidor conhece determinado produto ou marca e tem a intenção de comprá-lo, até a compra e recompra. Em virtude disso, neste livro, é abordado, no terceiro e no quarto capítulos, o conceito de shopper marketing e de *omnichannel*, que possuem o papel de integrar todos os canais e pontos de contato do shopper para influenciá-lo ao longo de sua jornada de compras.

Assim, é de fundamental importância a compreensão de aspectos do planejamento de canais de distribuição para a aplicação do trade marketing, principalmente pelo fato de que suas práticas já estão mais maduras nas empresas, pois acontecem desde o início da década de 1990. Enquanto as decisões de trade marketing são consideradas táticas, o planejamento de canais de distribuição compreende um conjunto de decisões estratégicas e que influenciam o modelo de negócios da empresa. Uma vez tomadas, essas decisões de canais devem ser compreendidas pelos profissionais de trade marketing durante o seu planejamento e execução. Por exemplo, de acordo com Coughlan et al. (2006), planejar canais inclui a decisão da empresa quanto a: (1) extensão do canal; (2) intensidade da distribuição; (3) tipos de intermediários. Envolve, também, fazer gestão de conflitos existentes entre diversos elos do canal, bem como estimular o canal a desempenhar as funções desejadas pelo fabricante.

Assim, a extensão do canal envolve o número de organizações de cada nível de canal que estarão presentes desde o produtor (fabricante) até o usuário final do produto. A intensidade de distribuição objetiva decide a quantidade de organizações em um mesmo nível de canal. Ou seja, se haverá uma distribuição exclusiva ou seletiva na qual o fabricante seleciona poucos intermediários para participarem de determinado nível de canal ou, por outro lado, a empresa poderá obter pelo modelo de distribuição intensiva, no qual existem vários intermediários no mesmo nível de canal e o conflito tende a ser maior entre essas empresas. Por exemplo, os produtos alimentícios e bebidas possuem uma distribuição intensiva, pois podem ser encontrados em uma variedade de pontos de venda, que os disponibilizam aos consumidores finais. Por fim, sobre os tipos de intermediários, compete à empresa selecionar os tipos de membros do canal, muito baseada na habilidade desses membros em desempenhar os fluxos de canal necessários, facilitando o processo de troca de bens e serviços com os usuários finais.

Por sua vez, os chamados "fluxos de marketing nos canais" formam uma maneira prática de visualizar o que as organizações envolvidas num mesmo canal desempenham e a ligação disso com as atividades de marketing. Exemplos dos fluxos de marketing desempenhados entre fabricantes, intermediários e clientes finais incluem: propriedade e posse física do produto, promoção, negociação, informação, risco, pedido, pagamento e serviços. A área de trade marketing oferece suporte para um melhor desempenho de alguns desses fluxos de marketing.

Dessa forma, o trade marketing compreende quatro pilares fundamentais que são abordados no livro: sortimento, preço, visibilidade e promoção (comunicação), conforme inicialmente abordado por D'Andrea, Consoli e Guissoni (2011). Sobretudo, os programas e iniciativas de trade marketing devem estar alinhados com o plano de canais da empresa, sendo que esses pilares, ao serem trabalhados, permitem gerar melhor experiência de compra para os consumidores finais e melhor relacionamento com os canais de distribuição.

Isso significa que o processo de trade marketing, ao se aproximar do conceito de canais, permite orientar os esforços da equipe de vendas, bem como melhor alocar os recursos financei-

TRADE MARKETING

ros da empresa entre diferentes tipos de canais de distribuição e atividades de execução das marcas nos canais, auxiliando para que os objetivos de canais e de marketing da organização sejam atingidos. Por exemplo, de acordo com Coughlan et al. (2006), tais objetivos podem ser maximizar as vendas, aumentar o nível de controle ou influência da indústria sobre seu canal ou maximizar a lucratividade.

Selling in e selling out

Sell in e *sell out* são dois termos utilizados frequentemente pelos profissionais de trade marketing. De maneira básica, o primeiro (*sell in*) compreende a venda ao canal de distribuição, ou empresa que intermedia a relação da indústria com o consumidor final. Por exemplo, ele descreve quando uma empresa como a Coca-Cola vende seus produtos para os supermercados, lojas de conveniência, padarias, restaurantes e assim por diante. Já o segundo termo, *sell out*, caracteriza a venda ao consumidor final. Por exemplo, quando um produto da Coca-Cola é vendido ao consumidor final pelo supermercado ou por outro tipo de varejista.

A busca pelo equilíbrio entre as vendas feitas aos intermediários e as vendas feitas ao consumidor final (por meio dos intermediários) é de fundamental importância para trade marketing. Como forma de controle, algumas empresas contratam auditorias de mercado, como a Nielsen, ou fazem pesquisas próprias, para apurar o chamado índice de abastecimento, que é definido como o volume das compras de produtos da indústria feitas por determinado formato varejista ou loja (*sell in*) dividido pelo volume das vendas ao consumidor (*sell out*). O índice é usado para indicar se o fabricante está abastecendo a loja na proporção em que a loja vende determinado produto. Assim, o profissional de trade marketing precisa com-

O CONCEITO DE TRADE MARKETING

preender se há problemas de giro do produto, falta de estoque nas lojas ou outras situações que possam comprometer o equilíbrio entre *sell in* e *sell out.*

Apesar de parecerem termos com aplicações básicas, na verdade podem ser mais complexos e importantes para a área de trade marketing à medida que deixam de indicar apenas a comercialização (venda) de produto e passam a representar tanto os estímulos de marketing ao canal de distribuição (marketing *push*) quanto aqueles direcionados aos consumidores finais (marketing *pull*). Desse modo, ambas as formas de comercialização – *sell in* e *sell out* – estão relacionadas com os conhecidos conceitos de marketing *push* e *pull*, os quais possuem um papel fundamental em permitir que os profissionais da área estimulem a disponibilidade do produto em seus canais alvo (*push*) e a preferência do consumidor (*pull*), conforme apontado por Olver e Farris (1989). De acordo com esses mesmos autores, *push* e *pull* são interdependentes e, em conjunto, afetam as vendas dos produtos.

O marketing *pull* envolve os estímulos dirigidos diretamente aos consumidores como forma de estimular a procura pelos produtos anunciados. A premissa é de que, se a estratégia tiver sucesso, os consumidores procurarão o produto nas lojas varejistas, que, por sua vez, comprarão mais produtos das indústrias. Por exemplo, esses estímulos podem ser: propaganda nas diferentes mídias, marketing direto, marketing interativo pela internet ou até mesmo de venda pessoal porta a porta, isto é, sem a necessidade de uma empresa intermediando a relação entre o fabricante e o consumidor final.

Enquanto isso, marketing *push* atua no sentido de que sejam realizadas ações para os canais de distribuição de uma empresa, e é nesse ponto que a função de trade marketing concentra seus esforços. No caso, a indústria desenvolve seus estímulos de marketing tendo como público-alvo os varejistas, que, por sua vez, disponibilizarão os produtos para que os consumidores finais tenham acesso a eles. Como exemplos de estratégia *push*, podem ser citados programas de relacionamento oferecidos pelas indústrias aos varejistas, as atividades de merchandising ou de comunicação no ponto de venda, que incluem materiais como *banners*, *displays*, *racks*, módulos, entre outros. Portanto, os estímulos de marketing *push* e *pull* devem ser integrados para facilitar o papel de trade marketing, que é o de trabalhar para balancear a "equação" de *sell in* e *sell out*, alinhando a comercialização de seus produtos – vendas ao varejista em relação às vendas ao consumidor final.

O ambiente de negócios no varejo e a atuação do trade marketing

O ambiente de negócios no setor de bens de consumo e varejo tem sido determinante para o surgimento e evolução dos conceitos e aplicações de trade marketing. É sabido que o varejo mundial teve seu início com mascates e mercados montados em intervalos regulares de tempo, comercializando produtos oriundos da agricultura e artesanato. A partir do século XVII, surgiram as lojas fixas em contraposição aos mercados móveis e o estoque de mercadorias em locais diferentes daquele em que eram produzidas (Davies, 1990). Nos séculos XVIII e XIX, o varejo ganhou importância na distribuição geográfica da produção por conta da Revolução Industrial. O varejo era, então, pouco técnico e formado por pequenas lojas familiares que dependiam de grandes atacadistas (Alvarez, 1999).

Nos Estados Unidos, os supermercados surgiram com o formato de autosserviço, nas lojas Piggly Wiggly, em 1916. O autosserviço caracteriza-se pela possibilidade de que o consumidor realize a compra de produtos sem a assistência de um vendedor. É um formato varejista diferente daquele formato que até então predominava,

O CONCEITO DE TRADE MARKETING

no qual os vendedores auxiliavam os consumidores durante suas compras e os produtos estavam, em geral, atrás dos balcões dos atendentes. A partir de 1930, o formato de autosserviço tornou-se mais popular e as redes corporativas começaram a aparecer, ameaçando a predominância dos pequenos empórios, mercearias e açougues. Os supermercados estabeleceram-se, então, como instituições varejistas que traziam ao consumidor os produtos de empório e mercearia a preços menores, mas sem oferecer comodidades, como entrega em domicílio e vendas a crédito. Seu sucesso inicial foi explicado devido ao declínio da renda e à redução do poder de compra, ambos gerados pela depressão da década (Knoke, 1963). Entretanto, após a II Guerra Mundial, com a elevação do poder aquisitivo da população, o formato original de supermercado alterou-se, passando a ser oferecidos não só produtos baratos de primeira necessidade, mas também serviços e estrutura física bonita e confortável (Knoke, 1963). Erthal (2007) comenta sobre o dinamismo no setor supermercadista, principalmente após a década de 1960, com a abertura de hipermercados como o Carrefour em 1963, na Europa, expansão internacional de algumas redes de supermercados, melhorias nos sistemas logísticos e desenvolvimento de marcas próprias, pertencentes aos varejistas. Nos Estados Unidos, o formato de hipermercados ficou popular com o conceito de *one-stop-shopping*, a partir da atuação do Walmart em 1987, oferendo uma combinação de itens alimentares e não alimentares, combinando os formatos de supermercados e de lojas de departamento. Ou seja, o varejo evoluiu em termos de profissionalização do negócio, crescimento e fortalecimento em relação às indústrias de consumo. Além disso, a concentração no varejo aumentou, uma vez que as grandes redes corporativas expandiram seus negócios e passaram a representar uma fatia maior das vendas totais do varejo. Dessa forma, muitos foram os fatores que condicionaram o surgimento do trade marketing como departamento nas empresas. Entre eles, podem ser

TRADE MARKETING

citados: o excesso de marcas e produtos e a consequente falta de espaço para exposição deles no ponto de venda; o fortalecimento dos intermediários em virtude da concentração dos varejistas, acesso à informação do shopper, automatização das lojas, práticas de gerenciamento por categorias, especialização dos canais de vendas e infidelidade do consumidor. Para a indústria, tornou-se claro, então, que seu sucesso depende do sucesso de seus varejistas e ela passou a tratar o intermediário como diferencial estratégico de seu negócio (Alexander e Silva, 2002).

Considerando a competição por espaços nas lojas, o aumento da competição no setor de consumo e o crescente poder dos varejistas, as indústrias de consumo passaram a reconhecer que não bastaria considerar o varejista seu agente "intermediário"; precisaria desenvolver iniciativas que o tratassem como um "cliente". Por isso, faria sentido dirigir verbas e esforços de marketing para estreitar o relacionamento com o varejista, destinar verbas comerciais para comprar espaços nas lojas, entre outras ações.

Portanto, todos esses fatores motivaram o surgimento do trade marketing. Não se têm claramente definidos os exatos momento e empresa em que o termo trade marketing e suas práticas se originaram. Para Castillo (2000), o trade marketing nasceu nos Estados Unidos, sendo um termo cunhado pelo fabricante Colgate-Palmolive para expressar a integração das funções dos departamentos de marketing e vendas. Já para Randall (1994a), os primeiros departamentos de trade marketing foram organizados na Europa, no fim da década de 1980 e início dos anos 1990, quando, em meio à crise econômica, os varejistas abandonaram a estratégia de puro crescimento e passaram a se preocupar com a eficiência do canal e diferenciação competitiva.

No Brasil, o desenvolvimento varejista aconteceu de maneira tardia em relação aos países desenvolvidos, porém, sua posterior concentração, fortalecimento e desenvolvimento também levaram

O CONCEITO DE TRADE MARKETING

ao surgimento do trade marketing. Para Gimpel (1980), o real desenvolvimento do varejo brasileiro deu-se com a industrialização, na década de 1940, e o consequente fortalecimento da indústria nacional pós-guerra. Erthal (2007) compila as principais características do varejo no Brasil nas décadas de 1970, 1980 e 1990. Na década de 1970, houve a implantação do primeiro hipermercado no Brasil, com a vinda do Carrefour; em seguida, na década de 1980, houve a expansão e consolidação do conceito do formato de autosserviço; na década de 1990, o varejo foi marcado pela inflação e despendia mais tempo com a gestão financeira de investimentos do que com a gestão e melhoria do ponto de venda. Essa dinâmica foi alterada com a criação do Código de Defesa do Consumidor, abertura do mercado nacional e implementação do Plano Real. O Walmart, por exemplo, chegou então ao Brasil em 1995, período em que o setor supermercadista também direcionou esforços para a automatização e investimentos na gestão das lojas, uso do código de barras e espaço nas gôndolas para novas categorias de produtos não alimentares. Com a expansão de grandes redes varejistas no Brasil, houve aumento da concentração do varejo e, por consequência, seu fortalecimento em relação às indústrias de bens de consumo no país.

No Brasil, o surgimento do termo trade marketing a partir de sua aplicação na prática empresarial aconteceu em resposta às mudanças econômicas, políticas e sociais ocorridas no país na década de 1990, acompanhando também o cenário mundial, e em decorrência da atuação de empresas globais com operações no território nacional, transferindo práticas dessas empresas de seus países de origem para os mercados internacionais, como o brasileiro. Ou seja, em meados dessa década, alguns fatores culminaram no desenvolvimento do trade marketing como área estratégica nas empresas brasileiras: o fim do período inflacionário, a importância crescente dos varejistas e distribuidores e a também crescente oferta de produtos a partir da abertura econômica.

Assim como o trade marketing teve início fora do Brasil, a área no país não teve seu desenvolvimento associado a uma única empresa. O que se percebe, em verdade, é a clara influência das matrizes de empresas multinacionais nas filiais brasileiras, conforme comentado. A seguir são descritos registros de três empresas com operações no Brasil para ilustrar o surgimento da área.

A então Kolynos (atual Colgate-Palmolive) criou, por volta de 1995, seu departamento de trade marketing, cujo objetivo envolvia realizar trabalhos com um conjunto de clientes do varejo para aumentar a lucratividade dos negócios. O foco desse desenvolvimento foi direcionado aos investimentos promocionais das contas-chave por produto, marca e categoria, conforme linha de produtos da empresa e a disponibilização de informações para a equipe de vendas. Para atingir tais objetivos, criaram-se setores com as responsabilidades de: (1) fornecimento de informações detalhadas sobre os maiores clientes, destinadas às equipes de marketing e vendas; (2) desenvolvimento de canal encarregado de criar estratégias de atuação para cada cliente; (3) execução de estratégias (área de promoções), (4) gerenciamento por categorias; e (5) desenvolvimento de clientes (alinhamento de pensamento estratégico e ações). Conforme a visão do diretor de trade marketing da época, a área, para dar certo, precisou ser vista pelo departamento de marketing como apoio para a decisão de distribuição das verbas das atividades com os varejistas, dividindo-a proporcionalmente à eficiência de cada canal e cliente. Já para o departamento de vendas, o trade marketing precisou ser compreendido como o prestador de serviços, oferecendo novas oportunidades de negócio.

Apesar de embrionário desde 1994, o trade marketing na Nestlé foi organizado e sua implementação aconteceu efetivamente a partir de 1997, em resposta a problemas de comunicação entre a empresa e seus clientes intermediários (distribuidores e varejistas). Para resolver a questão, a empresa percebeu que era preciso melhor compreender as necessidades dos intermediários, a fim de desenvolver trabalho conjunto na promoção de seus produtos. Além disso, as respostas precisavam ser rápidas para que os resultados de vendas e rentabilidade fossem demonstrados claramente. Desse modo, o departamento de trade marketing na Nestlé passou a atuar no desenvolvimento de marcas por canal de vendas, na realização de análises mercadológicas e estudos de mercado, no gerenciamento de vendas e em ações promocionais. Por fim, o trade marketing tinha a função de capturar valor para indústrias e varejistas por meio do aumento de vendas e conversão do consumidor no ponto de venda.

Na Unilever, o trade marketing surgiu com esse nome em 1998, quando a empresa ainda era denominada Gessy Lever, no mesmo momento em que a área também começava a ser estruturada na Kraft-Lacta Suchard da época. Entre as responsabilidades do departamento, estavam a análise da estratégia de negócio do canal e dos principais clientes, o gerenciamento das estratégias, o monitoramento de desempenho nos canais, a promoção de eventos para as marcas e a organização de eventos com as associações de classe. O trade marketing passou a ser também encarregado de desenvolver planos de negócio junto às áreas de gerenciamento por categoria, serviço ao consumidor e contas-chave. Para o diretor do departamento na época, o trade marketing era a forma de gerenciar e medir a lucratividade de cada cliente, tendo se mostrado uma maneira mais equilibrada de distribuição de verbas, justamente por ter de comprovar o retorno de suas ações. Desse modo, o desenvolvimento de estratégia de marca para todo o mercado foi trocado pelo desenvolvimento de estratégias de marca para cada cliente, que passou a ser visto como fonte geradora de negócios no trabalho em conjunto com as áreas comercial e de marketing.

Trade marketing e sua função estratégica: o que esperar de sua atuação

A área de trade marketing caracteriza-se pela aplicação dos conceitos de marketing tradicional ao consumidor, porém, com foco na perspectiva dos canais de distribuição das empresas e do consumidor no momento da compra, com prioridade para o trabalho em conjunto com marketing, área comercial e de merchandising, visando ao aumento das vendas e à experiência de compras do shopper. Assim, a atuação do trade marketing implica a mudança de cultura de toda a organização para destacar a importância do varejo, o entendimento profundo do negócio de cada um dos principais clientes varejistas e dos shoppers e a formação de uma equipe de vendas treinada para atuar nesse novo contexto de relacionamento com o varejo.

A maior parte das companhias de bens de consumo tem agora um departamento de marketing para a distribuição, que aos poucos se desenvolve a partir da diretoria de vendas ou de contas-chave. Na maioria dos casos este departamento cresceu paralelamente ao departamento de marketing ao consumidor e independentemente dele. Esses departamentos estão constantemente em conflito [Corstjens e Corstjens, 1996:252].

Existe o desafio de integrar processos e estruturas das áreas de marketing ao consumidor, que tem uma visão mais de longo prazo, com a cultura de áreas de vendas e de trade marketing, que, em geral, apresentam foco mais imediatista e orientado para resultados. O orçamento de marketing também passa a ser dividido e realocado das atividades dirigidas ao consumidor final para atividades dirigidas aos clientes varejistas (canais). De fato, com o fortalecimento das áreas de trade marketing, o investimento

O CONCEITO DE TRADE MARKETING

de marketing e promoção de ponto de venda começou a ganhar espaço nos orçamentos de marketing ao consumidor (Corstjens e Corstjens, 1996).

O trade marketing atua, portanto, como área de integração entre fabricantes, varejistas e consumidores, interligando os departamentos de marketing, merchandising (que cuida dos materiais de ponto de venda) e comercial (D'Andrea, Consoli e Guissoni, 2011). Seus papéis são desenvolver estratégias para melhorar a experiência de compra do shopper em relação à marca, criar estratégias e políticas comerciais para os canais de vendas e desenvolver práticas internas que estimulem as estratégias de canais e ponto de venda. O objetivo é, assim, estabelecer as chamadas alavancas de volume no ponto de venda, por intermédio do gerenciamento de sortimento, preço, espaço e planograma, propaganda no ponto de venda, ponto extra para disponibilizar seus produtos e promoções no ambiente de loja. Assim, o trade marketing pode ser entendido como conjunto de práticas de marketing e vendas entre fabricantes e seus canais de distribuição, com o objetivo de gerar valor com a melhoria da experiência de compra dos shoppers, podendo beneficiar mutuamente fabricantes e seus clientes conforme as relações de poder entre ambos. Nesse contexto, trade marketing oferece uma série de ferramentas e ações que visam alavancar resultados financeiros de vendas da indústria ao ponto de venda.

Estrutura e atribuições do trade marketing

Na prática empresarial, um dos pontos abordados envolve a organização (estruturação) de marketing no contexto das demais funções organizacionais para definir o conjunto de tarefas, recursos e processos que garantam a coordenação de pessoas a partir dos seus relacionamentos na área, que também incluem níveis hierárquicos e alçadas de decisão. Geralmente, a estrutura organizacional se reflete em um organograma. Em marketing, a estrutura ou organização da área varia conforme tamanho da empresa, setor de atuação, orientação de marketing e orçamento disponível. Mesmo com as diversas variações possíveis, a organização de marketing é de fundamental importância em um ambiente no qual, muitas vezes, o departamento de marketing é percebido pelos funcionários que atuam em outros departamentos como uma área que gera trabalhos adicionais, gasta recursos financeiros da empresa sem comprovar o retorno; em alguns casos, não há ampla compreensão do papel de marketing na empresa. Tal situação pode ser evitada por meio da devida estruturação da função de marketing e alinhamento com outras funções organizacionais.

As discussões sobre a organização da estrutura e atribuições se intensificaram principalmente a partir da década de 1930, quando a Procter & Gamble (P&G) propôs a função de gerente de marcas, atribuindo-lhe a responsabilidade quanto ao desenvolvimento do plano de marketing (George, Freeling e Court, 1994). Porém, na P&G, ainda havia pouca interação dos gerentes de marcas com os outros departamentos e eles estavam ligados ao departamento de propaganda. Em seguida, com o aumento das responsabilidades desses gerentes, a partir da década de 1950 eles passaram a trabalhar em conjunto com outras áreas, como vendas, produção, pesquisa e desenvolvimento, logística e finanças (George, Freeling e Court, 1994). A partir da mesma década, segundo Webster Jr. (1992), várias outras empresas começaram a estruturar suas áreas de marketing em virtude do reconhecimento de marketing como uma função de administração e que deveria tomar decisões de produto, preço, distribuição (praça) e comunicação com o mercado (promoção). A figura 1 representa a estrutura organizacional tradicional para as áreas de marketing e vendas.

O CONCEITO DE TRADE MARKETING

Figura 1
Estrutura tradicional de marketing e vendas

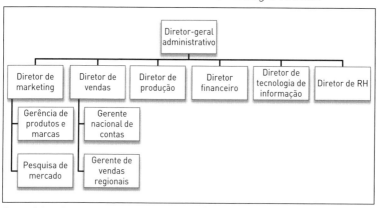

Fonte: elaborado pelos autores a partir de Randall (1994b).

No modelo tradicional, os gerentes de contas ligados à diretoria de vendas são os responsáveis pelo relacionamento com o varejista e a área de marketing fica mais distante. Apesar de isso não estar representado no modelo de estrutura apresentado, no Brasil também é comum que a área de marketing ou vendas contrate agências para terceirizar as atividades de promoção de vendas e merchandising.

Por exemplo, em muitos engarrafadores da Coca-Cola no Brasil, a área de marketing é responsável por gerenciar as atividades dos promotores de vendas, normalmente incluindo profissionais terceirizados por alguma agência de marketing promocional contratada pela empresa. Apesar disso, a área de vendas também acompanha o trabalho dos promotores e trabalha muito perto dos profissionais de trade marketing, que são o elo entre a área de marketing e a área comercial em muitos desses engarrafadores.

A partir do modelo tradicional da área de marketing na década de 1990, ilustrado na figura 1, o desenho organizacional de marketing tem se adaptado às mudanças nas condições do ambiente (com-

31

petitio, tecnológico) e do consumidor. A crescente importância dos canais de distribuição para as indústrias de bens de consumo, conforme já abordada no capítulo, tem levado a uma mudança na estrutura de marketing nas organizações com a inclusão da área de trade marketing. Isso porque uma vez que as atividades que tradicionalmente eram delegadas aos promotores, que cuidavam de merchandising no ponto de venda, cresceram em termos de importância e desafio em virtude de uma maior competição pelo espaço nas gôndolas varejistas e em se relacionar com o varejo e com o shopper, o trade marketing passa a ganhar destaque na estrutura organizacional de marketing. Assim, três modelos podem ser encontrados nas organizações.

O primeiro modelo é o trade marketing subordinado hierárquica e funcionalmente à diretoria de vendas. Nesse caso, o trade marketing tem características muito operacionais (Alvarez, 2008) e pouca orientação no sentido de seguir as diretrizes da diretoria de marketing, o que pode prejudicar os valores e posicionamento das marcas no longo prazo, já que a área de vendas tem a característica cultura de curto prazo.

O segundo modelo é o trade marketing subordinado hierarquicamente à diretoria de marketing. Nesse caso, muitas vezes, apesar de os organogramas de algumas empresas evidenciarem que a área de trade marketing também está ligada funcionalmente à diretoria de vendas, ela responde diretamente à diretoria de marketing. A vantagem é que a área de trade marketing estará mais orientada para o entendimento do shopper e ativações nos pontos de vendas que reflitam tal entendimento. A desvantagem é que a área fica distante das negociações com o canal, por exemplo, no que diz respeito a políticas de compras de espaços e verbas comerciais de incentivos aos varejistas. Porém é uma maneira de a área de marketing buscar fortalecer sua importância na estrutura organizacional se relacionando de maneira mais próxima com a área de vendas por meio dos profissionais de trade marketing, que transfeririam conhecimentos da execução de mercado nos canais da empresa para os profissionais ligados à diretoria de marketing. Isso pode ser fundamental para que, futuramente, ela assuma as decisões mais estratégicas do "P" de praça ou de canais de distribuição.

Já a terceira possibilidade é o trade marketing compor uma diretoria ou gerência independente hierarquicamente das áreas de marketing e de vendas.

De acordo com Motta, Santos e Serralvo (2008), naquele momento (início da década de 2000), a maior parte dos departamentos de trade marketing em empresas no Brasil utilizava o primeiro modelo, isto é, com a área subordinada ao departamento de vendas, seguida pelo segundo modelo (subordinado ao departamento de marketing); o menos usual era o departamento de trade marketing independente das áreas de marketing e vendas. Contudo, à medida que a área de trade marketing torna-se mais importante em virtude de sua atuação com os canais de distribuição, nota-se que, a partir de 2010, muitas empresas começaram a deixar a área subordinada a marketing ou, ainda, independente, em suas estruturas organizacionais. No último capítulo do livro, é apresentada uma pesquisa mais recente com profissionais de trade marketing, e o leitor poderá observar que existe uma possível mudança na subordinação da área, pois ficou mais próxima da área de marketing. A figura 2 destaca a estrutura que pode ser desenvolvida nas organizações que querem ter a área de trade marketing independente. Dessa maneira, é possível explicar seu escopo ampliado, ou seja, até que ponto a área pode chegar em termos de estrutura e coerência com seus fundamentos.

TRADE MARKETING

Figura 2
Organização com departamento
independente de trade marketing

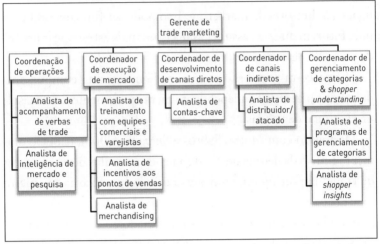

Portanto, a área de trade marketing, no caso da figura 2, assume um papel mais estratégico para buscar identificar oportunidades de negócios com os canais, desenvolvimento de estratégias e políticas por produto e canal, entendimento do shopper (incluindo seu perfil e critérios de compras), controle de rentabilidade das ações com o canal e com o shopper, análise do giro de produto e margens, suporte aos programas de gerenciamento de categorias com varejistas específicos, apoio nas atividades de divulgação de produtos e lançamentos, ações de merchandising, promoções e suporte à área de vendas (Alvarez, 2008).

Portanto, conforme descrito nos diferentes modelos de estruturas organizacionais, a área de trade marketing pode ter três enfoques distintos dentro das organizações:

1) *Como área estratégica de planejamento de vendas e canais.* As empresas que atribuem um papel estratégico à área de trade

O CONCEITO DE TRADE MARKETING

marketing delegam a estratégia de canal incluindo decisões quanto aos tipos de produtos, preços e comunicação que serão trabalhados por tipo de canal, definição de tipos de varejistas ou distribuidores desejados, acompanhamento dos resultados do canal, autonomia na divisão do orçamento e investimentos por canal, alinhamento entre objetivos da corporação, de marketing e de canal. Além disso, também incluem pessoas e processos para cuidar da excelência na execução de mercado e ativações nos pontos de venda, interação com a área que cuida da pesquisa de shopper, incluindo árvores de decisão que identificam os critérios de decisão do shopper conforme suas prioridades, como preço, embalagem, atributos do produto, entre outros. Ou seja, o papel do ponto de venda é o de ponto de contato e proximidade com o shopper nos diferentes momentos da sua jornada de compra.

2) *Como área responsável pelo merchandising e promoção no ponto de venda.* O papel de trade marketing nas organizações que atribuem essa ênfase pode ser considerado tático. Ao mesmo tempo que não toma decisões estratégicas de canais de distribuição, também não fica concentrada somente em padronizar a execução das marcas da empresa nos pontos de vendas. Em verdade, esse enfoque implica a definição de ações conforme calendário promocional, ativação de produtos e lançamentos no varejo. Ou seja, o papel do ponto de venda passa a ser de "mídia" para impactar o consumidor no momento da compra.

3) *Como responsável pela execução das marcas no ponto de venda.* Este é um enfoque operacional da área, pois busca apenas "atender" às demandas da área de vendas e buscar seguir o padrão de execução de mercado estabelecido pelas áreas

de marketing e comercial em termos de materiais de ponto de venda (merchandising) e disponibilidade de produtos, o que também envolve a ativação e monitoramento dos locais desejados pelas áreas de marketing e comercial para expor os produtos nos pontos de vendas. Ou seja, o papel do ponto de venda passa a ser o de refletir os critérios de decisão do shopper por meio dos fatores de merchandising.

Independentemente do enfoque, muitas vezes um profissional de vendas ou de marketing da empresa passa a ter a oportunidade de assumir a área de trade marketing de uma hora para outra. Em geral, esses profissionais têm experiência em suas funções de origem, mas, se estão assumindo uma gerência (ou supervisão) de trade pela primeira vez, é importante identificar algumas peculiaridades desse departamento. Assim, é importante que os profissionais que estiverem à frente da área de trade marketing compreendam que:

- Trade marketing não "presta serviços" para vendas nem para marketing; trade marketing é a área que conecta os pontos entre vendas (canais), marketing e os interesses financeiros da própria empresa. Portanto, não é um "prestador de serviços" para um "cliente interno". Essa é uma visão muito difundida (principalmente na década de 1990), mas é um pouco míope. A principal função de trade marketing é encontrar oportunidades de negócios e mobilizar as áreas internas da companhia para capturá-las, não reagir às demandas de vendas ou marketing e correr para viabilizar as metas preexistentes nesses departamentos.

- O gerente de trade marketing é, em geral, uma das pessoas que mais faz reuniões de alinhamento na empresa. É evidente

O CONCEITO DE TRADE MARKETING

que, se o papel do gerente de trade marketing é mobilizar outras áreas, é importante estabelecer alianças com profissionais que atuam em outros departamentos da empresa, refutar projetos que estejam fora do foco e, claro, comunicar vitórias, reforçando as relações interdependentes dentro da organização.

- A área de trade marketing pode se posicionar como um *policy maker*, ou seja, uma espécie de "legislativo" corporativo. Assim, não deve ficar focada apenas na execução. A maior parte da execução está com o departamento comercial e com agências de merchandising, responsáveis pelas promotoras que fazem as ativações no ponto de venda. Assim, em muitas empresas, trade marketing busca maximizar o retorno sobre os investimentos feitos em atividades de comunicação de ponto de venda, por exemplo. Para isso, é importante criar "regras" ou "guias de execução" que possam ser cumpridas e que ajudem no resultado da empresa. Até para decidir sobre material de ponto de venda, como cartaz ou *banner*, é necessário criar uma regra para sua aplicação. Em que pontos de venda ele deve ser positivado? Que tipo? Quanto tempo? Qual será o volume incremental necessário? O mesmo vale para promoções: criar boas regras alinhadas internamente é boa parte do trabalho de trade marketing em virtude dos perfis diferentes de intermediários, canais ou tipos de varejistas atendidos pela indústria.

- Trade marketing ainda é visto, em muitas organizações, como "área de passagem" na qual o *turnover* pode ser muito alto. De fato, há muita rotatividade dos profissionais na área de trade marketing. E isso ocorre por algumas razões. Primeiramente, é um profissional que está construindo sua carreira entre dois departamentos – marketing e vendas –, o que o expõe a mais oportunidades de carreira na empresa do que, por exemplo, um profissional que interage com menos áreas funcionais. Além disso, a oferta de profissionais da área no mercado ainda é pequena, o que o torna alvo fácil para receber ofertas de outras empresas que buscam profissionais já com experiência específica em trade marketing.

- O profissional de trade marketing também organiza a visita de diversos profissionais da empresa, muitas vezes até mesmo de executivos de liderança, aos clientes varejistas para mostrar a execução das marcas no ponto de venda. Muitas vezes, executivos de alta liderança ou que trabalham em outras unidades da empresa colocam em suas agendas um momento para conhecer a execução de suas marcas no varejo. Em geral, o profissional de trade marketing organiza as visitas e fica em evidência junto a outros executivos de liderança da empresa.

Finalmente, é fundamental que o gestor de trade marketing conheça os princípios básicos do que são suas tarefas e responsabilidades. A figura 3 apresenta um esquema com as responsabilidades de trade marketing. Especificamente, destaca sua função integradora entre áreas de marketing, comercial e merchandising para conciliar interesses e objetivos dos fabricantes em relação aos varejistas e ao shopper ou consumidor. Isso varia de empresa para empresa de acordo com seu grau de maturidade e orçamento, mas, de maneira ampliada, segue a representação da figura 3 com o papel integrador entre áreas dentro da organização, com os varejistas e shoppers.

O CONCEITO DE TRADE MARKETING

Figura 3
O papel integrador de trade marketing

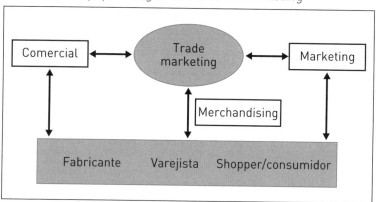

A seguir, no quadro 1, são apresentados perfis públicos de vagas em trade marketing disponíveis em *sites* de emprego e no LinkedIn, com a finalidade de ilustrar as responsabilidades e pré-requisitos solicitados por algumas empresas durante o recrutamento de pessoas na área de trade marketing e outras funções a ela relacionadas. Os perfis mostram responsabilidades relacionadas com os agentes apresentados na figura 3. Por exemplo, interfaces com área comercial, marketing e merchandising. Abordam, também, os planos e objetivos dos fabricantes em relação aos interesses, negociações e ativações no ambiente do varejo para influenciar o shopper a partir do seu entendimento. Além desses fatores, os perfis também mostram capacidades analíticas esperadas nos perfis dos profissionais de trade marketing que as empresas buscam, em virtude da necessidade de lidar com análises comerciais e métricas de interesse para controlar a execução da empresa e os resultados para ela gerados.

TRADE MARKETING

Quadro 1
Descrição de vagas com funções de trade marketing

Empresa	Função de trabalho	Principais responsabilidades	Requisitos
Johnson& Johnson	Analista de trade marketing	• Dirigir e monitorar os processos, pilares e orçamento de merchandising. • Liderar as análises para recomendação de alocação de promotores de acordo com a estratégia de execução da empresa. • Coordenar os líderes de merchandising nas unidades de negócios. • Garantir a efetividade da comunicação com o campo para que as estratégias das marcas e planos de canais sejam refletidos na execução nos pontos de venda. • Propor melhorias nas ferramentas, processos, recursos e treinamentos, buscando a melhoria contínua da execução e *sell out*. • Visitar os pontos de vendas para acompanhamento de projetos implementados. • Desenvolver material de suporte para o time de campo com informações fundamentais em relação à execução ou estratégia.	• Formação de nível superior completa. • Conhecimentos avançados de Excel e Power Point. • Forte capacidade de comunicação e facilidade analítica. • Desejável experiência anterior em área ligada à execução de ponto de venda. • Conhecimento de ferramentas de análise de mercado (ex.: Nielsen) para identificar oportunidades. • Desejável inglês avançado.
Johnson& Johnson	Coordenador de trade marketing	• Liderar o planejamento estratégico de merchandising. • Atuar como *focal point* e influenciar as unidades de negócio/vendas, marketing e trade canal para assuntos relacionados à execução e impulsionadores de *sell out*. • Gerenciar a melhor alocação da equipe de promotores entre canais. • Acompanhar KPIs (*key performance indicators*) de merchandising, a fim de incentivar e coordenar a implementação de projetos e processos que visem à melhoria contínua da execução e *sell out* (ferramentas, treinamento, recursos). • Realizar a governança de todos os processos, pilares e orçamento de merchandising por meio da liderança dos analistas e gestão de fornecedores. • Participar das decisões de temas relacionados à execução e iniciativas de shopper, como planejamento de mídia para ponto de venda, tempo e movimentos das equipes em loja, guia de execução e soluções de visibilidade para canais e clientes estratégicos. • Desenvolver sua equipe.	• Formação de nível superior completa. • Conhecimentos avançados de Excel e Power Point. • Forte capacidade de comunicação e persuasão. • Visão estratégica e analítica. • Conhecimento de ferramentas de análise de mercado (ex.: Nielsen) para identificar oportunidades. • Conhecimento no mercado de higiene e beleza.

O CONCEITO DE TRADE MARKETING

Empresa	Função de trabalho	Principais responsabilidades	Requisitos
Mondelez	Coordenador de merchandising	• Engajar, desenvolver e acompanhar o time de promotores no que se refere a atividades e desafios no ponto de venda. • Identificar, desenvolver e acompanhar os promotores com alto potencial de carreira. • Desdobrar as informações diversas e estratégias da companhia para o time de promotores. • Preencher os controles da área. • Realizar o processo de recrutamento e seleção dos promotores e realizar a integração de novas posições. • Planejar e realizar roteiro de visita dos promotores, avaliando e ajustando sempre que necessário. • Distribuir materiais nas lojas e implementá-los junto com os promotores. • Planejar e realizar reuniões com promotores, garantindo o desdobramento das informações de merchandising e dos departamentos parceiros, tais como categorias, trade marketing, vendas, RH e segurança em cada localidade e quinzenalmente. • Auxiliar na construção do calendário promocional das seleções e treinamentos de Páscoa, participando das turmas. • Acompanhar as ações e os preços da concorrência e da Mondelez. • Monitorar as rupturas em loja, identificando os motivos e tratando as causas.	• Nível superior em andamento ou completo. • Trabalhar na companhia e estar na posição atual de promotor II ou vendedor de varejo por mais de 12 meses (aplicado para candidatos a recrutamento interno). • Desejável vivência em diferentes canais de vendas. • Pacote Office (Outlook, Excel, Power Point e Word). • Saber lidar com diferentes tipos de pessoas. • Liderança. • Negociação. • Influência.

TRADE MARKETING

Empresa	Função de trabalho	Principais responsabilidades	Requisitos
Duratex	Analista de trade marketing pleno	• Atuar conforme região atribuída e canal de vendas no setor de materiais de construção. • Ativar linhas e categorias de produtos em parceria com equipe comercial, marketing, canais de vendas, clientes, comunicação e merchandising. • Monitorar ações de preço na ponta, por canais específicos, em parceria com área comercial. • Acompanhar os KPIs do canal e performance das categorias. • Desenvolver análise mensal do evolutivo por gerente/coordenador/canal/região/categoria. • Atuar junto à equipe de vendas na construção e alinhamento dos planos de aumento de *sell in* e *sell out*. • Atuar com o time de execução para garantir a implementação de planogramas/ações nos pontos de venda. • Analisar e apresentar os resultados e retorno financeiro das ações (ROI). • Identificar oportunidades em campo para análises e por meio de interfaces com outras áreas da companhia.	• Superior completo em publicidade e propaganda, marketing, administração e áreas correlatas. • Sólida experiência em trade marketing. • Desejável conhecimento da língua inglesa.
Pepsico	Gerente de merchandising	• Dirigir o orçamento de merchandising. • Definir cobertura e abrangência das estratégias de merchandising por canal e região. • Trabalhar com trade marketing para dar suporte ao desenvolvimento dos guias de execução. • Definir rotinas de trabalho de merchandising para otimizar o desempenho de atividades nos pontos de venda. • Acompanhar KPIs de merchandising e ser facilitador para que a equipe de campo alcance os resultados esperados. • Monitorar a relação com RH, finanças e comercial para equilibrar esforços de merchandising.	• Formação superior em administração, economia, marketing ou áreas relacionadas. • Pós-graduação, como MBA. • Conhecimento de negócio no setor alimentar. • Habilidades de priorização e tomada de decisões. • Liderança e influência. • Capacidades estratégicas e analíticas. • Inglês avançado/fluente.

O CONCEITO DE TRADE MARKETING

Empresa	Função de trabalho	Principais responsabilidades	Requisitos
Ambev	Supervisor de trade marketing	• Coordenar a execução de materiais de merchandising no mercado. • Negociar programas de mercado oferecidos pela empresa e parcerias propostas com clientes-foco. • Monitorar a visibilidade das marcas da empresa no ponto de venda. • Negociar a execução de alavancas de vendas envolvendo os pilares de trade marketing.	• Superior completo ou último semestre do curso. • Desejável experiência profissional em análise de dados. • Habilidades de comunicação bem desenvolvidas. • Conhecimento intermediário do pacote Microsoft Office.
Nestlé	Especialista de trade marketing	• Desenvolver o calendário promocional de trade e alinhamento anual com equipe de vendas. • Adaptar a estratégia de marca/canal para a equipe de vendas. • Participar e alimentar os processos por meio de informações comerciais (análise de estoque, *pricing*, concorrência e investimentos para as negociações). • Gerenciar as verbas de trade (ações com pontos de vendas) • Acompanhar os KPIs de execução e controle de efetividade dos planos.	• Formação superior em publicidade e propaganda, administração de empresas, marketing ou áreas correlatas. • Pacote Office avançado. • Inglês fluente • Desejável experiência na área comercial (vendas, trade marketing e marketing), conhecimento da dinâmica de canais no varejo, conhecimento de ferramentas de análise de mercado, como Nielsen.

Fonte: elaborado pelos autores a partir de fontes secundárias acessadas entre os meses de novembro de 2016 e julho de 2017: Vagas.pro (www.vagas.pro/index.php?cargo=Trade+Marketi ng&submit.x=0&submit.y=0) e LinkedIn (www.linkedin.com/jobs/search/?keywords=trade%20 marketing&locationId=br%3A0).

Portanto, os perfis identificados nas vagas corroboram os conceitos iniciais tratados no primeiro capítulo sobre a função de trade marketing e suas variações de acordo com tipos de empresas, setores, portes e tamanhos. É interessante também observar que a função de trade marketing, que surgiu com a indústria de bens de consumo não duráveis, começa a se expandir para empresas que atuam em outros setores, mas que, em comum com as indústrias de bens de consumo, também lidam com intermediários, como distribuidores,

TRADE MARKETING

atacadistas, revendedores e varejistas. É o caso da Duratex, fabricante de painéis de madeiras, louças e metais sanitários conforme o anúncio de vaga apresentado no quadro 1. Também é observado que empresas em setores como agronegócio começam a fundar suas áreas de trade marketing. Um exemplo são os fabricantes de defensivos químicos (Basf, Bayer, entre outras), que lidam com a revenda (distribuidor) que faz a venda ao produtor rural. Isso mostra a crescente importância no assunto de canais nas estruturas organizacionais nas empresas e a possibilidade de uma área que faça o elo entre marketing e vendas, que é de trade marketing.

Trade marketing como diferencial competitivo

A área de trade marketing foi o grande *hit* dos anos 1990 no mundo do marketing de bens de consumo. Ela cresceu em importância ao concentrar as responsabilidades de gestão de canais, que estavam sendo negligenciadas pela área comercial, e a verba de comunicação com o shopper, que não vinha sendo bem trabalhada nos departamentos de marketing daquela época devido ao foco no consumidor final, principalmente no momento de uso dos produtos, e não necessariamente durante a compra deles. Como disciplina acadêmica, trade marketing, no seu início, não encontrou o mesmo respaldo que conheceu na prática das empresas de bens de consumo. Isso se deve a uma simples razão: trade não se encaixa perfeitamente nos "4Ps" do composto de marketing (produto, preço, promoção e praça ou distribuição). Trade marketing acaba somando duas disciplinas: o marketing, voltado para o shopper (o "p" de promoção), e a gestão de canais (ou seja, o "p" de praça). A área atende a ambos os departamentos, de marketing e comercial, porque busca realizar resultados, por meio do ponto de venda (canal), com o shopper. Isso criou muita confusão para que estudos acadêmicos pudessem enquadrar a área de trade marketing e definir seu papel. O trade marketing teve suas origens em empresas de bens de consumo e migrou para as de serviços e até para dentro do varejo, abrangendo atividades que vão do planejamento comercial ao *visual merchandising*. Justamente, uma das falhas principais de trade marketing hoje é ser abrangente demais. O Brasil, a Espanha, a França, o Reino Unido e a América Latina em geral foram regiões que abraçaram a ideia. Infelizmente, o mundo todo não acompanhou o movimento. E isso também é um problema para as empresas com estruturas globais. O trade marketing, como área funcional nas corporações, tem crescido e se desenvolvido muito no Brasil. Mas, em algum momento, observa-se a transformação no seu escopo para que de fato assuma seu papel estratégico de canais de distribuição e de *shopper insights*. Em algumas empresas, essa área nova chamada *shopper marketing*, que é abordada em capítulos posteriores neste livro, já tem incorporado toda a geração de *insights* por meio de pesquisas de comportamento de compra dos shoppers. Seu objetivo será o de otimizar o diálogo das marcas com o shopper ao longo da jornada de compras, visando assim estimular a conversão de vendas ou reforçar a imagem da marca na área de marketing. Portanto, para que gere diferencial competitivo para as organizações, acredita-se que os profissionais de trade marketing devam liderar tais mudanças para que assumam seu papel mais estratégico, buscando colaboração da empresa com seu canal e maximizando o contato com o shopper nos diversos momentos da jornada de compra.

* * *

O capítulo apresentou a origem do termo trade marketing, as responsabilidades dos profissionais que trabalham na área e seu papel inserido nas organizações. O próximo capítulo apresenta um conjunto de métodos e ferramentas que ajudam o leitor a compreender como elaborar um plano de trade marketing.

2
Fases de execução do trade marketing

Neste capítulo, são apresentadas as variáveis de decisão do trade marketing mix, sua integração com os 4 Ps de marketing (produto, preço, praça e promoção) e, ainda, um conjunto de métodos para desenvolver o plano de trade marketing nas organizações. O objetivo é mostrar a importância de sistematizar o conjunto de atividades envolvidas no processo de planejamento e controle de trade marketing para que o leitor possa aplicar as ferramentas apresentadas em seu contexto.

Trade marketing mix

O conceito de trade marketing mix representa um conjunto de elementos de decisão dos profissionais de trade marketing nas empresas. Tradicionalmente, no surgimento da área, essas decisões estavam relacionadas com três pilares: sortimento, preço e promoção. Entretanto, as grandes empresas de bens de consumo têm introduzido um quarto pilar, que agrupa variáveis relacionadas à visibilidade de seus produtos no ponto de venda, ou seja, com a exposição dos produtos (D'Andrea, Consoli e Guissoni 2011). Segundo Sorensen (2009), durante o processo de compra estima-se que a visão represente 90% de todo *input* sensorial das pessoas. Por isso, justifica-se a necessidade de destacar a visibilidade como um pilar fundamental na área. A figura 4 destaca os pilares do trade marketing mix e a relação com outros elementos que formam sua aplicação na prática empresarial.

Figura 4
Trade marketing mix

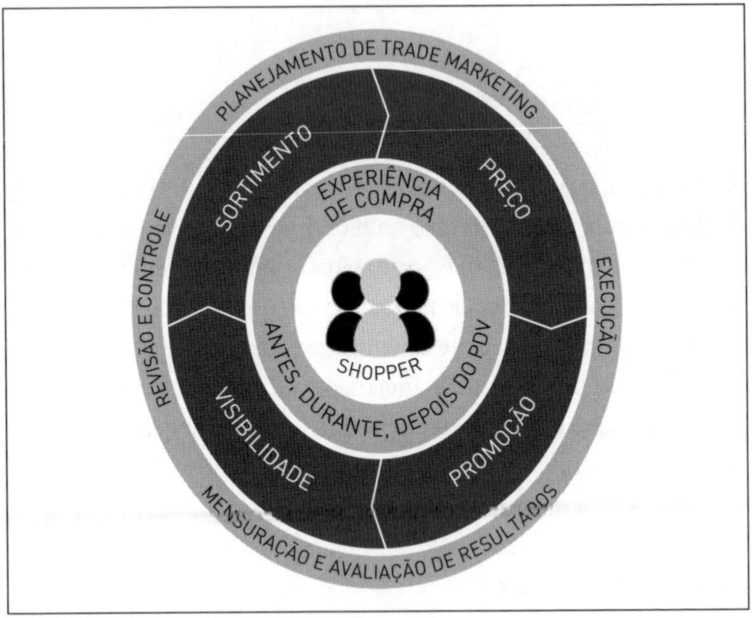

A figura 4 ilustra a visão ampliada do trade marketing mix. A ideia é que seu processo de gestão seja composto pelas atividades de planejamento de trade marketing, sua execução, avaliações de resultados e revisões para melhorias. Essas atividades envolvem a decisão de quatro pilares que compõem o trade marketing mix: sortimento, preço, visibilidade e promoção. Esses pilares identificam as decisões que os gestores de trade marketing precisam tomar e integrar, tanto entre elas como também com as áreas de marketing e comercial. Os quatro pilares formam a ideia da experiência de compra ao shopper que a área do fabricante objetiva junto ao canal (varejista,

FASES DE EXECUÇÃO DO TRADE MARKETING

por exemplo). Considerando a jornada de compras do shopper, que envolve estímulos dentro e fora do ambiente de loja para influenciar em favor de uma marca, os quatro pilares do mix de trade marketing devem acontecer de maneira consistente entre os diferentes tipos de canais e pontos de contato – antes, durante e depois da visita do shopper ao ponto de venda (PDV). A seguir, são apresentadas algumas características principais de cada pilar do trade marketing mix.

*   *Sortimento.* O objetivo desse pilar é garantir que as lojas tenham os produtos disponíveis em suas gôndolas conforme a linha de produtos recomendada para aquele formato e canal. Sortimento é uma decisão, em princípio, do varejista. Como sua complexidade aumentou muito nas últimas décadas, os fabricantes estão sendo chamados para ajudar na definição do mix por loja, enquanto o varejista seleciona as marcas mais adequadas às características da região de sua loja. A gestão do sortimento evita prejuízos com estoque excessivo ou rupturas para todas as empresas da cadeia. A colaboração entre fabricantes e varejistas é essencial para desenvolver a melhor equação de variedade para os shoppers encontrarem produtos que buscam em determinada ida ao ponto de venda, e também para a geração de volume de vendas ou margem para o varejista e a indústria.

*   *Preço.* O objetivo é garantir que o preço ao consumidor reflita os valores identificados como ótimos pelos consumidores nas ocasiões de promoção, e não promoção em relação ao preço dos concorrentes. Além disso, para cada formato de varejo/canal de vendas o shopper tem uma expectativa de preço diferente. É muito importante que fabricantes e varejistas conheçam essa expectativa para criar políticas de preço rentáveis. O posicionamento de preços é uma das partes mais importantes na relação entre o trade marketing das indústrias

e os varejistas, pois, para ser efetivo, esse posicionamento deve partir, em primeiro lugar, de estudo apropriado de preços de venda ao consumidor e elasticidade de preços *versus* os concorrentes da marca. Com essas análises, é possível relacionar os preços promocionais e não promocionais ideais para cada produto, segregando preços por região ou canal, sem que as diferenças de preços impactem significativamente os volumes de vendas dos produtos.

- *Visibilidade.* A visibilidade abrange os conceitos de espaço na gôndola, planograma, material de ponto de venda (POP) e pontos extras, trazendo os benefícios de agilizar e facilitar as tomadas de decisão do shopper, aumentar a compra (R$ por minuto gasto na loja) e tornar agradável a interação com as marcas. O importante é não fazer os shoppers permanecerem muito tempo nas lojas, mas fazer com que cada minuto seja convertido em maior volume de vendas. Assim, a exposição dos produtos no ponto de venda, sinalização de produtos, uso correto de materiais de ponto de venda, implementação de planogramas e alocação de espaços são atividades essenciais que o trade marketing precisa liderar e estão relacionadas com a visibilidade das marcas e produtos no ponto de venda.

- *Promoção.* A promoção é, por sua vez, uma forma de motivar o processo de troca entre produtos buscados pelo shopper e oferecidos pela indústria por meio dos seus intermediários. Os principais tipos são tabloides de ofertas, brindes, promoções *on pack*, degustações, experimentações, demonstrações, concursos e ações de ponto de venda. As promoções no ambiente de loja devem ser lideradas pela área de trade marketing e executadas pela própria empresa ou feita por agências especializadas em conjunto com os promotores do fabricante no ponto de venda. Considerando o investimento necessário para operacionalizar as promoções, o objetivo desse pilar é garantir que elas ocorram da forma esperada, no momento correto de acordo com o calendário promocional e sejam bem operacionalizadas, para gerar retorno financeiro para o fabricante e para o varejista, além de auxiliar na experiência de compras do shopper.

O grande desafio: como integrar gestão de produtos, comunicação, preço, força de vendas e canais de distribuição

A integração entre gestão de produtos, comunicação, preço, força de vendas e canais de distribuição acontece com o plano de marketing. Sobretudo com o planejamento, busca-se orientar a tomada de decisão permitindo que o risco associado às decisões dos gestores de marketing seja minimizado. Ou seja, o planejamento permite que a empresa decida sobre qual é o melhor uso de seus escassos recursos de maneira a atingir seus objetivos empresariais, seguindo sua estratégia corporativa. Desse modo, as iniciativas de trade marketing devem estar integradas com as estratégias e decisões do composto de marketing, do ponto de vista tanto dos fabricantes quanto dos intermediários de canais e dos varejistas.

Produtos e serviços

No composto de marketing, essas decisões envolvem linhas de produtos e serviços, amplitude e extensão da linha (quantidade de itens e sinergia entre produtos), extensões de marcas e complemento de linhas de produtos. As atividades de trade marketing apoiam a execução dessas decisões mais amplas, sendo que o pilar de sortimento é o que tem maior relação com as decisões acerca de produtos; os serviços oferecidos, sejam eles independentes ou complementares aos produtos, também possuem extrema importância no relacionamento entre os agentes e na oferta de conveniência para os clientes finais/shoppers. Assim, outras variáveis que estão sendo consideradas, como aspectos do ponto de venda, o estabelecimento varejista e a gestão dos canais de distribuição, influenciam e são influenciadas pelas decisões acerca de produtos e serviços dos agentes em determinado canal de distribuição.

Comunicações

As decisões de comunicação já foram o foco de muitas empresas e gestores de marketing e ainda o são em muitos locais. Entretanto, as comunicações são um elemento do composto, e não o "marketing" em si, como popularmente conhecido. As decisões de comunicação envolvem um complexo conjunto de opções de públicos-alvo, mensagens, seleção de mídias e ferramentas de comunicação, como propaganda, promoção de vendas, relações públicas e vendas pessoais. Nesse sentido, os pilares de trade marketing que envolvem promoção e visibilidade devem estar alinhados com as estratégias de comunicação e posicionamento das empresas, com importantes reflexos em vendas, desenvolvimento de marca e criação de imagem e atitudes favoráveis aos produtos, empresas, marcas e estabelecimentos de varejo.

Distribuição

Os canais de distribuição englobam os agentes envolvidos em disponibilizar produtos e serviços aos usuários finais (esse tema é abordado em profundidade no capítulo 3). Assim, decisões de canais envolvem as estratégias de distribuição, decisões de extensão (quantidade de elos em um canal), intensidade a partir da quanti-

FASES DE EXECUÇÃO DO TRADE MARKETING

dade de agentes em um mesmo nível do canal e, também, escolha dos agentes e parceiros de canal. Complementarmente, envolvem decisões de relacionamento, sistemas de incentivos e políticas de gestão de conflitos. Podemos, inclusive, pensar em trade marketing como as ações de marketing para os agentes de canais, com execução de ações para melhor atender aos consumidores finais.

Força de vendas

A gestão da força de vendas é comumente inserida no composto de comunicação. Dada sua importância estratégica cada vez maior, tratamos essa decisão como uma variável adicional no composto de marketing. Suas decisões englobam as estratégias e estruturas de vendas; níveis de especialização, gestão e controle; troca de informações e políticas de incentivo e remuneração. Assim, no que se refere ao trade marketing, a integração com a força de vendas é de extrema relevância, dado que muitas das informações dos clientes varejistas (visão da indústria) são obtidas e transmitidas pelas equipes de vendas. Essas equipes também estão envolvidas em executar parte das ações que garantam um sortimento correto de produtos no ponto de vendas, as estratégias de preços e limites de valores, além de negociarem promoções e implementarem essas atividades e outras ações de comunicação com os clientes.

Preços

As decisões de preços têm sido historicamente subavaliadas pelos profissionais de marketing, possivelmente pela falta de autonomia e controle sobre custos e outras variáveis geralmente financeiras. Entretanto, empresas de ponta têm colocado as decisões de preços como um dos focos das ações de trade marketing, de maneira a garantir uma execução de padrões de preços entre seus produtos e os da concorrência. Isso tem sérias influências sobre as demais decisões de marketing, uma vez que mantém o posicionamento da empresa, garante a manutenção dos atributos e valor da marca e possibilita maior captura de valor em termos de margens e clientes.

Plano de trade marketing

Normalmente, todos os anos entre os meses de agosto e novembro, as áreas de trade marketing das indústrias de bens de consumo no Brasil passam pelo período de planejamento do orçamento do ano seguinte. O objetivo desse processo é uma previsão de gastos, investimentos e potenciais retornos do negócio, além de alinhar processos internos envolvendo as diversas áreas com que o trade marketing se relaciona, como logística, comercial e marketing. Assim, o documento final gerado pelo processo de orçamento nas empresas é um plano de negócios por marca, categoria e canais de vendas, que se integra ao plano de marketing, logística, produção e finanças que as empresas submetem aos seus donos ou acionistas no Brasil ou no exterior (no caso de uma empresa multinacional).

Esta seção apresenta uma proposta para elaborar o plano de trade marketing e defender o orçamento da área que pode ser utilizado como método de planejamento e trabalho para o trade marketing colocar em prática as ideias relacionadas com os pilares da área de sortimento, preço, visibilidade e promoção. Além disso, facilitará a relação dessa área com as demais ao mostrar como elaborar propostas que se integram, reforçam ou mobilizam as iniciativas estratégicas da gestão da empresa.

Durante a época do orçamento, além da intensidade do trabalho para que os gerentes de trade marketing elaborem o planejamento de

FASES DE EXECUÇÃO DO TRADE MARKETING

sua área, é comum ver esses profissionais acumulando a difícil tarefa de disputar as verbas de sua área com marketing (comunicação) e com vendas (as chamadas verbas comerciais). Isso requer um esforço intenso para provar o valor (benefício) das propostas de trade marketing. O trabalho do gestor de trade marketing é realmente exaustivo, pois ele deve integrar suas propostas às de outras áreas, alinhando previamente suas ações com os lançamentos de novos produtos e gerentes de marcas e produtos, dosando as ações de acordo com a capacidade de vendas e implementando-as em cada um dos canais.

A ausência desse tipo de alinhamento prévio cria situações nas quais os vendedores não conseguem implementar um grande número de promoções, concursos e iniciativas junto aos canais diretos e indiretos de distribuição. Isso acontece porque o número de ações, quando agregadas, torna impraticável a fluidez da relação comercial.

A seguir, é apresentado um método com oito etapas para desenvolver o plano de trade marketing, conforme representado na figura 5.

Figura 5
Etapas para o plano de trade marketing

55

TRADE MARKETING

Assim, as oito etapas do planejamento de trade marketing são:

1) levantamento do contexto;
2) inventário de oportunidades;
3) dimensionamento dos *gaps*;
4) análise de incrementais das ações;
5) regras de execução de mercado e plano tático de trade marketing mix;
6) análise de viabilidade operacional e priorização;
7) projeção de resultados: ranking das ações, demonstrativo do resultado da ação e P&L (*profit and loss*) integrado com todas as ações;
8) análise de riscos e plano alternativo (plano "B").

Cada etapa é explicada a seguir.

Etapa 1 – levantamento do contexto

O objetivo da etapa é alinhar o processo de desenvolvimento do plano de trade marketing com o plano estratégico de negócios da empresa, de marketing e comercial. Os itens que compõem esse levantamento são:

- verificar a estratégia geral da companhia a partir da revisão do plano de negócios e interação com as demais áreas na empresa;
- levantar os dados de mercado em que opera a empresa, incluindo tamanho do mercado potencial, taxas de crescimento, participação de mercado, dados do ambiente do varejo e consumo, ambientes político-legal, econômico, sociocultural e tecnológico, entre outros que podem afetar as análises e ações de trade marketing;

- descrever os principais concorrentes por região e canal, identificando os pontos fortes e fracos da empresa sobre sua execução de mercado em relação aos concorrentes;
- analisar contas-chave da empresa (*key accounts*), ou seja, os dados sobre as vendas e relacionamento com os principais canais e clientes varejistas intermediários atendidos pela empresa;
- analisar a jornada de compras do shopper, seus critérios de decisão ("árvore de decisão") e características de consumo dos produtos da empresa (ocasiões, frequência, entre outras).

Etapa 2 – inventário de oportunidades

Agrupam-se todas as ideias e boas práticas enviadas por vendas, trade e agências de trade e shopper marketing. Ainda não há avaliação gerencial das ações. Esse agrupamento é feito apenas por canal ou por categoria de produtos. Existem três fontes básicas de oportunidades que podem entrar no plano anual:

- *Oportunidades de canais.* Parte-se da análise de oportunidades de alavancar a presença da marca nos canais de vendas em que a categoria pode ser vendida.
- *Oportunidades de shoppers.* Busca aumentar a conversão de shoppers da categoria para sua marca. Nesse ponto, são consideradas as ferramentas para que isso ocorra, ou seja: visibilidade, pontos extras, promoções, estratégia de preços, sortimento, gerenciamento de categorias, entre outros itens que podem variar conforme a empresa.
- *Oportunidades de aumentar a eficiência de trade marketing*, isto é, fazer mais com os mesmos recursos. Um pensamento constante nesse tipo de análise é o tradicional dilema "fazer

versus terceirizar" como forma de aumentar a eficiência dos esforços de trade. Esse ponto também abrange incentivos de vendas, remuneração variável, estrutura, descrição de cargos e sistemas de automação.

Etapa 3 – dimensionamento dos gaps

Entende-se que *gaps* representam os "pontos de desenvolvimento" no plano de trade marketing. Assim, procura-se dimensionar o valor das oportunidades, quantificando ganhos financeiros de forma abrangente. Nesse ponto, o gestor de trade deve se perguntar: "Quanto vale essa oportunidade?" Se não houver resposta numérica em termos de margem de lucro, participação de mercado, *ticket* médio ou vendas incrementais, provavelmente a ideia não deve ser contemplada no plano de trade marketing. Alguns exemplos de pontos de desenvolvimento identificados nos planos de trade marketing são: redução de ruptura nas lojas (quando uma loja deveria ter o produto, mas está sem estoque dele), melhoria da eficiência de repositores, vendedores ou distribuidores e promoções de vendas.

Etapa 4 – análise dos incrementais das ações

Nessa etapa, procura-se quantificar a criação de valor de cada ação, ou seja, sua capacidade de trazer lucro adicional em determinado período, geralmente até um ano, em virtude da característica de curto prazo das iniciativas de trade marketing. Para isso, é preciso conhecer o custo ou investimento em trade necessário para realizar cada uma das propostas apresentadas. Claro que nesse ponto trabalha-se com uma estimativa; por isso, é importante ter agências que possam estimar uma noção de custos antes da proposta pro-

FASES DE EXECUÇÃO DO TRADE MARKETING

priamente dita. A criação de valor, numa formulação bem simplória, é medida pelo lucro resultante das vendas incrementais para a indústria ou marca e o custo ou investimento para realizar a ação.

Etapa 5 – regras de execução de mercado e plano tático de trade marketing mix

Nessa etapa, as regras de execução de mercado (REM) devem ser definidas. Em seguida, a gestão de trade marketing precisa propor as atividades de sortimento, preço, visibilidade e promoção. Por fim, esses elementos resultarão no plano tático.

Neste livro, é utilizado o conceito de REM, que representa a estratégia ideal de trade marketing para cada pilar executado e avaliado por uma empresa fabricante. As questões a que o plano de execução de mercado (PEM) responde são: os produtos disponíveis ao consumidor final estão adequados ao perfil do canal e com o preço de ponta desejado? Há pontos extras e materiais de comunicação da empresa fabricante nos varejistas? As promoções planejadas pela empresa fabricante estão sendo executadas no ponto de venda? A aplicação das regras de execução de mercado é importante para que as empresas estabeleçam seus guias de execução.

Uma das premissas básicas na área de trade marketing é a elaboração e posterior disseminação de guias de execução de mercado. São materiais impressos (ou digitais) no formato de um livreto, disponibilizado para a equipe de campo da empresa, por exemplo, os vendedores, supervisores comerciais e equipe de merchandising, e auditoria de ponto de venda (pesquisa). Os livretos reúnem as regras de execução de mercado da empresa. Para facilitar o processo de elaboração e devido à sua importância, aqui neste livro é apresentado um conjunto de ferramentas (*templates*) para ilustrar o processo de desenvolvimento das regras de execução de mercado.

TRADE MARKETING

Em seguida, é aplicado um exemplo na categoria de biscoitos, a partir da experiência dos autores do livro no setor.

Figura 6
Ferramenta para elaboração das regras de execução de mercado (A)

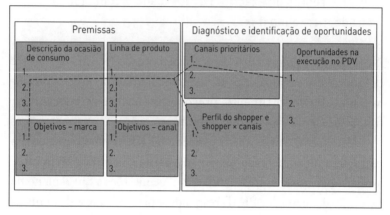

A figura 6 ilustra a primeira parte da elaboração das regras de execução de mercado, que compreende estabelecer premissas a partir das pesquisas com canais e shoppers sobre: ocasião de consumo, linha de produtos, objetivos da marca, objetivos de canal, canais prioritários, perfil do shopper no canal, oportunidades na execução no ponto de venda. Conforme as linhas tracejadas representam na figura, em relação a cada ocasião de consumo deverá ser definido um dos elementos seguintes. Por exemplo, uma ocasião de compra em biscoito envolve o consumo imediato no lanche da tarde. O objetivo de uma marca (por exemplo, a Bauducco) para a respectiva ocasião de consumo poderia ser adicionar valor por meio de um maior preço por quilo com a linha de produtos composta por embalagens unitárias de biscoitos com embalagens menores. Essa linha de produtos poderia atender à ocasião de consumo do lanche da tarde e o objetivo de canal poderia ser definido com o ganho de cobertura de mercado para vender para mais lojas, ou distribuição numérica. Ou seja, esperando-se que a empresa ganhe disponibilidade de produtos para atender à referida ocasião de consumo. Em virtude da missão de compra (ou objetivo de compra) do shopper no ponto de venda, o canal formado por padarias poderia ser um tipo de varejista prioritário. Estima-se que o perfil do shopper nesse canal seja composto, prioritariamente, por jovens adultos que trabalham fora que fazem compras buscando conveniência. Assim, a oportunidade de execução no ponto de venda seria a de estabelecer um posicionamento de preços ao canal e ao consumidor adequados em comparação com produtos que poderiam ser substitutos (oferecidos por concorrentes) em relação aos produtos prioritários do fabricante em questão. A figura 7 apresenta um exemplo de fabricante de biscoitos, conforme o que foi descrito.

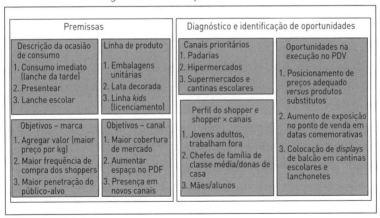

Figura 7
Aplicação da ferramenta para elaboração das regras de execução de mercado (A)

Em seguida, a segunda parte da definição do padrão de execução de mercado deverá considerar os itens apresentados na figura 8. Ou seja, para a mesma ocasião de consumo e demais itens definidos na

TRADE MARKETING

parte anterior (A), deverão ser definidos os produtos prioritários, posicionamento de preço, regras de exposição de produto e SOVI (*share of visible inventory*), regras de ativação de materiais no ponto de venda tanto na entrada de loja quanto em outros locais (corredor e gôndola) ou pontos extras envolvendo materiais temporários (cartazes, *banners*) e permanentes (*displays* e módulos).

Figura 8
Ferramenta para elaboração das regras
de execução de mercado (B)

Regras de execução de mercado (fotografia de sucesso)					
Produtos prioritários	Posicionamento de preço e promoções	SOVI e regra de exposição	Ativação (entrada de loja + ponto extra)	Ativação (corredor + gôndola)	Outras regras
1.	1.	1.	1.	1.	1.
2.	2.	2.	2.	2.	2.
3.	3.	3.	3.	3.	3.

Continuando a situação ilustrativa na perspectiva de um fabricante de biscoitos, para a ocasião de consumo de lanche da tarde e os respectivos itens apresentados na figura 7, o fabricante selecionou cinco SKUs (*stock-keeping-units*) na linha de bolos e pães de mel, que deveriam estar posicionados com o preço de R$ 2,50 a R$ 3,50 ao consumidor, podendo também haver combo promocional, isto é, promoção para a compra de itens oferecidos em conjunto, como bebidas e sucos prontos para o consumo. A ideia é a de que, se comprados em conjunto, os itens ficariam mais baratos do que se comprados separadamente. Esses produtos deveriam estar, prioritariamente, próximos da entrada da loja ou do *checkout* e perto de chocolates. No ponto de venda, seria desejável ativar materiais como cartazes comunicando "aqui tem" e também uma bandeja suporte para *checkout* de padaria, já que padaria foi o canal prioritário para a referida ocasião de uso (ver figura 7). Como regra adicional, foi definido que serão distribuídos brindes aos varejistas que aderirem às regras de produto, preço, promoção, exposição e ativação. A seguir, é apresentada a figura 9 com a continuidade do exemplo de fabricante de biscoitos, conforme o que foi descrito.

Figura 9
Aplicação da ferramenta para elaboração
das regras de execução de mercado (B)

Regras de execução de mercado (fotografia de sucesso)					
Produtos prioritários	Posicionamento de preço e promoções	SOVI e regra de exposição	Ativação (entrada de loja + ponto extra)	Ativação (corredor + gôndola)	Outras regras
1. 5 SKUs, linha de bolos e pão de mel 2. Lata de Natal, Páscoa e Dia dos Namorados 3 SKUs 3. 2 SKUs de bolinhos (integral e regular); *snacks* saudáveis	1. R$ 2,50 a R$ 3,50. Combo com bebida 2. R$ 25 a R$ 30 Leve 3 pague 2 3. R$ 3,50 Leve 3 pague 2	1. Presença no *checkout*, próximo a chocolates 2. Pelo menos 50% do espaço de sazonais 3. Opção mais saudável: *display* de PDV da campanha	1. Material de PDV "aqui tem" 2. Ilha + cartazete promocional 3. Móbile	1. Bandeja suporte para *checkout* de padaria 2. Cartazete de preço De R$___ por R$___ 3. Presença de expositor aéreo (adicional)	1. Brinde para varejistas que aderirem 2. Colocar no tabloide em todas as lojas 3. Folheto com orientações nutricionais

A partir da definição das regras de execução de mercado, geralmente é feito um material de comunicação no formato de um livreto que é distribuído à equipe de campo. De acordo com as etapas para a elaboração do plano de trade marketing, no momento em que as regras de execução são definidas (ou revisadas), deve-se avançar para a proposta do trade marketing mix. Para que essas regras sejam executadas, deve haver priorização das ações e identificação de fontes de conflito para uma negociação melhor com o canal, a fim de que a regra da empresa seja executada no mercado.

TRADE MARKETING

A ferramenta a seguir, apresentada no quadro 2, ilustra uma maneira de compilar tais informações. Ela pode também ser utilizada para *workshops* com profissionais de trade marketing, comercial e marketing no sentido de que haja uma colaboração entre as áreas durante o desenvolvimento do plano. É uma ferramenta útil quando alguém precisar ministrar treinamentos na área ou, ainda, trabalhar em conjunto com outras áreas na definição das regras de execução de mercado para que haja adesão da equipe de campo.

Quadro 2
One page statement do trade marketing mix

Diagnóstico da situação	Sortimento e preço	Visibilidade e promoção	Priorização e plano de ação		Fontes de conflito/ desafios na implementação		Negociação e superação de objeções	
	Oportunidades	Oportunidades	Contexto sintetizado	Problema identificado	Interno (marketing)	Interno (comercial)	Objeção	Argumentos
	Ações	Ações	Proposta de solução por prioridade & mecânica	Resultados esperados e aferindo sua eficácia (como mensurar?)	Com o canal/varejistas		Objeção	Argumentos
					Reações dos concorrentes		Objeção	Argumentos
					Desafios na implementação			

O que se pretende é gerar o formato de uma página, ou, como muitas empresas denominam, *one page statement*, com a proposta de compilar as ideias principais do plano e alternativas no envolvimento de outras áreas e canais de interesse na execução do trade marketing mix.

A seguir, no quadro 3, está ilustrado o exemplo do fabricante de biscoitos, conforme continuidade das ferramentas anteriores que ilustraram a criação das regras de execução de mercado. É importante observar que nada impede o conjunto de materiais mais densos, utilizados pela área para conseguir compilar os principais aspectos que serão mostrados aos outros executivos da empresa.

FASES DE EXECUÇÃO DO TRADE MARKETING

Quadro 3

Aplicação do *one page statement* do trade marketing mix

Diagnóstico da situação	Sortimento e preço	Visibilidade e promoção	Priorização e plano de ação		Fontes de conflito/desafios na implementação		Negociação e superação de objeções	
			Contexto sintetizado	**Problema identificado**	**Interno (marketing)**	**Interno (comercial)**	**Objeção**	**Argumentos**
O fabricante busca expandir vendas em novos canais nos quais não estava presente até o momento, por exemplo, clientes de *food service*. Entretanto, para crescer nesse canal (que engloba restaurantes, lanchonetes, cantinas, padarias etc.) é necessário adaptar embalagens, criar expositores especiais e desenvolver uma política comercial atraente para distribuidores e atacadistas que servem esses formatos de varejo. Outra oportunidade é aumentar presença em itens sazonais com embalagens especiais (lata decorada). Concorrência de importados aumenta ano a ano.	**Oportunidades** Sortimento de produtos do canal é limitado (não há espaço para muitos itens). Como a maior parte dos clientes é atendida por terceiros (distribuidores/atacados/atacarejos), é necessário criar uma política de preços específica para o canal. Essa política deve acomodar margens maiores praticadas pelos vários elos da cadeia de distribuição. Isso pode comprometer a rentabilidade da linha. Portanto, é necessário separar o portfólio de produtos somente do canal *food service*, evitando comparação de preços com os demais canais. Isso implica não vender itens unitários em supermercados e hipermercados. **Ações** Estabelecer políticas de preço ao canal com a definição de portfólio do canal, incluindo atacarejos, revisão de *price-points* ao consumidor após pesquisa de marketing. Desenvolver linha de embalagens de edição limitada para cada época comemorativa.	**Oportunidades** Aumentar visibilidade por meio de pontos extras e colocação de materiais de ponto de venda com mensagens que aumentam a conversão de *shoppers* para a marca. **Ações** Substituição dos materiais de PDV com a marca institucional por materiais com mensagens (*call-to-action*) que aumentam a conversão. Explorar vieses cognitivos nas mensagens de PDV para aumentar vendas.	**Contexto sintetizado** Entrada em novos canais implica alteração de políticas internas. **Proposta de solução por prioridade & mecânica** Desenvolvimento de área-piloto com auxílio de consultoria especializada e distribuidores experientes no canal. Avaliação *versus* grupo de controle, aprendizados e *roll-out* em demais praças dentro de cronograma da empresa.	**Problema identificado** Ausência, na empresa, de processos e experiências nos novos canais. **Resultados esperados e aferição de sua eficácia (como mensurar?)** Indicadores de processo: aumento de distribuição numérica nos novos canais; aumento de penetração dos produtos junto ao público-alvo; aumento de *sell-in* via distribuidores que atendem o canal. **Indicadores de resultado** Aumento de *market share* nas categorias dentro dos novos canais; geração de valor para a companhia suficiente para pagar investimentos iniciais.	**Comunicação atual é ineficiente no PDV.** **Com o canal/varejistas** Tendência de crescimento das categorias sazonais e de produtos para consumo fora do lar, especialmente as saudáveis, ainda à vista pelos varejistas, como "nicho" de mercado. Não há um caso de sucesso construído para demonstrar viabilidade para membros dos canais. Dificuldade de engajar pequenos varejistas. **Reações dos concorrentes** Estratégia de produto facilmente copiável. Ponto de diferenciação está na estratégia de *go to market* (canais). **Desafios na implementação** Ausência de orçamento específico para desenvolvimento do canal e adaptações de produtos.	**Potencial conflito de canais com atuais clientes.**	**Comunicação deve ser igual em todos os pontos de contato com *shoppers* e consumidores.** **Nichos de mercado não são suficientes para justificar investimentos internos.** **"Cobertor é curto"** – ao destinar recursos para novos projetos, atuais necessidades urgentes da companhia ficam em segundo plano.	**Na realidade, a comunicação pode variar e deve adaptar-se ao seu objetivo em cada ponto de contato.** **Construção de caso de sucesso com números e resultados do piloto irá demonstrar se vale a pena seguir com implementação nacional. O projeto deve se mostrar satisfatório em termos de retorno sobre investimento para ser mantido.** **Destinação de verbas para inovações de produtos e canais (em média 5%) é necessária para semear os resultados futuros da empresa.**

TRADE MARKETING

Finalmente, a gestão de trade marketing deverá reunir os elementos dos itens anteriores para compor o plano tático, que representará um detalhamento das ações que foram previamente selecionadas para compor o plano final. Um formato ideal para o plano tático tem os seguintes pontos bem explicados em um documento ou apresentação:

- contexto (problema ou oportunidade a ser endereçada);
- mercado (onde acontecerá?);
- objetivos da ação (o que esperamos com ela?);
- métricas do processo (como avaliar a extensão de sua implementação?);
- métricas de resultado (qual é o critério de sucesso?);
- região/canal (quem será o executor da ação em vendas?);
- categoria/cliente (quais produtos e quais clientes serão envolvidos?);
- mecânica (como ela irá funcionar?);
- resultados financeiros (qual é o P&L da ação?);
- resultados não financeiros (existem impactos não financeiros positivos com o canal e o shopper?);
- cronograma;
- riscos envolvidos.

É importante compreender que em trade marketing existem ações padronizadas que servem para todos os clientes e algumas que devem ser customizadas apenas para um cliente ou canal. Essa característica não impede o gestor de criá-las com antecedência, prevendo, inclusive, situações emergenciais para os problemas mais comuns, como "contrabalançar aumento de tabela de preços" por meio de promoções de incentivo e *sell-out* (aumento de giro, estimulando vendas ao consumidor final).

Etapa 6 – análise de viabilidade operacional e priorização

O objetivo é evitar que o gestor de trade marketing utilize apenas sua opinião pessoal para avaliar as ações e fique suscetível a ser tomado pelos colegas como alguém que tem predileções específicas. É importante utilizar um conjunto de critérios fixos na análise de viabilidade e na priorização.

A utilização de quatro quesitos de análise com pesos definidos pela alta direção da empresa facilitará o trabalho de trade marketing nessa etapa. Cada ação pode possuir uma espécie de pontuação (*scorecard*) que ajudará na decisão de quais irão ou não para o plano final de trade marketing. Por exemplo, os seguintes critérios poderiam ser utilizados: (a) alinhamento estratégico da ação com o plano da empresa (marketing e comercial); (b) facilidade de implementação considerando capacidades de execução da empresa (interna e de agências), bem como de aceitação pela área de vendas e dos pontos de venda ou canais participantes; (c) impacto não financeiro esperado, incluindo medidas como espaço em gôndola, visibilidade na loja, participação nas vendas da loja, frequência e volume de compras do shopper, entre outras medidas possíveis e que são detalhadas posteriormente neste capítulo; (d) retorno financeiro da atividade, envolvendo a possibilidade de que o orçamento previsto para desenvolver a atividade gere ganhos incrementais na margem da empresa, ou seja, que superem o que foi gasto na ação. Essa medida também é apresentada posteriormente neste capítulo.

TRADE MARKETING

Etapa 7 – análise e projeção de resultados: ranking das ações, demonstrativo do resultado da ação e P&L (*profit and loss*) integrado com todas as ações

As ações com baixo nível de priorização segundo os critérios anteriores sugeridos devem ser excluídas do plano. Além disso, a análise do retorno de vendas incrementais e retorno sobre o investimento das ações ajudará a diretoria a decidir que atividades serão prioritárias para uso do orçamento da área de trade marketing.

Entretanto, como a capacidade de vendas para executar muitas ações em campo é restrita do ponto de vista prático, a estratégia só sairá do papel quando os vendedores forem capazes de executá-la junto a algum cliente. Devem-se considerar o plano de marcas, de relacionamento com clientes e a capacidade de vendas em executar as propostas. Dessa forma, a priorização é a chave para o crescimento rentável das empresas de bens de consumo de massa.

Especificamente sobre o demonstrativo de resultado pretendido com cada ação e do P&L, o gestor deve formalizar as premissas para o cálculo dos resultados de cada ação, inclusive como chegou ao retorno apresentado e as métricas de sucesso de sua proposta. Em seguida, em lugar de apresentar resultados esperados para cada ação, a ideia é que todas as ações selecionadas sejam somadas em termos de incremental de vendas, custos e margens de lucro incrementais. Isso permite ao gestor apresentar uma proposta integrada de orçamento (investimentos e despesas) e de potencial de aumento de vendas (que irá para a meta comercial), além de ganhos potenciais de *market share* (a serem considerados no orçamento de marketing). Ou seja, é a proposta do P&L integrado.

FASES DE EXECUÇÃO DO TRADE MARKETING

Etapa 8 – análise de riscos e plano alternativo ("plano B")

Finalmente, o último passo deve apresentar os pontos de atenção da organização que podem representar risco ao plano. Entre as justificativas mais ouvidas em trade marketing para o fracasso de boas propostas estão os pontos a seguir:

- possíveis reações da concorrência e que ações podem ser utilizadas para neutralizar as reações dos concorrentes;
- produtos substitutos e novos entrantes;
- mudanças de mercado e consumo;
- fatores internos e cultura organizacional;
- fornecedores ruins;
- relacionamento com clientes;
- o "plano B".

A análise de riscos não é uma salvaguarda para o fracasso, mas apenas uma avaliação que embasa a proposta do chamado plano de contingência, ou "plano B". Esse trabalho prevê as dificuldades de implementação e alternativas de curso de ação no caso de esses obstáculos se materializarem ao longo do processo de implementação do plano de trade marketing. O "plano B" não é obrigatório, mas se for feito e utilizado irá demonstrar o grau de maturidade da equipe de trade. A dica é criar um plano alternativo com ações de alto impacto de resultados e fácil de implementar, mas cuja pontuação ficou abaixo das demais em quesitos como alinhamento estratégico e impacto não financeiro, seguindo os critérios anteriores sugeridos. Principalmente se o problema afetar a empresa no curto prazo, o trade marketing tem de estar preparado com alternativas para a empresa.

Mensuração e avaliação dos resultados de trade marketing

No ambiente do varejo, os executivos têm sido cobrados para demonstrar o retorno de suas ações em termos de impacto no consumidor, ativos de marketing (como valor da marca e do cliente), posição financeira e de mercado. A capacidade analítica, ou seja, o uso da análise de dados no varejo contribui para suportar diferentes níveis de decisão, por exemplo: quanto de recurso deve ser alocado para cada atividade de marketing e comercial por loja, ponto de contato e mídia, região geográfica, tipos de produtos e segmentos de clientes; como melhorar a experiência do consumidor nos diferentes pontos de contato com a marca. Assim, nota-se uma crescente importância atribuída à mensuração e avaliação dos resultados de trade marketing para justificar o papel da área e dos recursos destinados a gerar vendas incrementais e retornos no curto prazo.

Um dos desafios na gestão das empresas é o conservadorismo. Isso significa que muitas organizações alocam os esforços e verbas de marketing/comerciais/trade em atividades que tradicionalmente funcionavam, mas que dificilmente garantiriam vantagem competitiva no futuro em um cenário de concorrência acirrada, com mudanças ao longo do tempo, ou seja, em um ambiente dinâmico. Pesquisas têm mostrado que empresas com níveis maiores de mudança na distribuição de suas verbas têm conseguido taxas de crescimento superiores à média nos setores em que atuam. Outras, contudo, sofrem as consequências de terem sido "vítimas" desse conservadorismo. Por exemplo, a Kodak. A empresa foi pioneira no desenvolvimento da tecnologia para a câmera digital, porém, a cultura da empresa (e de marketing) optou por acreditar que os consumidores sempre prefeririam comprar e revelar filmes fotográficos. Alguns empresários, contudo, entendem que o que funcionou até um dado momento talvez não funcione no futuro. Henry Ford já falava que, se fosse ouvir o que o mercado queria, ele teria inventado carroças mais rápidas. Steve Jobs, da Apple, falava que as pessoas não sabem do que precisam até mostrarmos a elas.

A área de trade marketing tem o papel de conseguir transformar tais demandas dos clientes – já que trabalha muito próxima deles – em oportunidades de negócios e provocar a inovação na empresa. Porém, para isso, deverá acompanhar alguns indicadores-chave de desempenho (KPIs) para suportar a tomada de decisão na área. É importante observar que nos perfis das vagas de trade marketing apresentados no primeiro capítulo do livro (quadro 1), em vários momentos apareceu a menção ao acompanhamento de KPIs e alocação de recursos em atividades junto aos canais, envolvendo também as verbas de marketing e comerciais.

Uma decisão que costuma ser afetada pelo conservadorismo nas empresas é a de alocação de recursos em marketing e na área comercial, ou seja, na maneira como as empresas dividem seus recursos em diferentes regiões geográficas, produtos/marcas, canais de distribuição, tipos de formatos varejistas, força de vendas e em atividades de comunicação. É perigoso quando a gestão de trade/marketing/vendas não sabe quais são os direcionadores para otimizar o retorno marginal de suas atividades. Muitas acreditam que o histórico de alocação de recursos em atividades de marketing/comercial ajuda a planejar e propor formas de alocações para maximizar os resultados futuros. Há vezes em que atividades mais prováveis de gerar taxas de retorno superiores nos próximos anos são simplesmente cortadas e, ainda, no curto prazo, os gestores sequer ficam conscientes do impacto negativo que sua decisão causará, pois não implementaram um processo de controle de verbas como deveriam ter em suas áreas.

Tal decisão tem se tornado cada vez mais complexa com a disponibilidade de diversos pontos de contato em que o consumidor interage com as marcas e produtos. Até por volta da década de 1920, por exemplo, a mídia impressa era um dos poucos meios que as empresas encontravam para comunicar suas mensagens, e somente entre as décadas de 1920 e 1930 o rádio se tornou o segundo meio utilizado pelos anunciantes. Depois, entre as décadas de 1940 e 1960, a mídia televisiva passou a ser amplamente considerada pelos anunciantes, tendo esse veículo começado a desempenhar um importante papel para que diversas marcas se tornassem conhecidas, permitindo um alcance maior por parte dos anunciantes. Em seguida, com a introdução da televisão a cabo no final da década de 1980 e, logo na década de 1990, da internet, as decisões sobre alocação de recursos tornaram-se mais importantes e desafiadoras no contexto do orçamento de marketing, tendo os gestores o papel de decidir em quais meios investir e também qual parcela do orçamento deveria ser atribuída a cada meio e que resultado cada atividade gera para a empresa. Assim, executivos começaram a questionar a efetividade de alguns meios e a buscar respostas para uma alocação melhor de recursos.

Ao mesmo tempo, algumas transformações passaram a ocorrer a partir da década de 1990, e as chamadas campanhas *bellow the line* começaram a ganhar destaque, incluindo investimentos dos anunciantes em atividades de pontos de venda, promoções e outras formas de comunicação de marketing, objetivando atingir um público cada vez mais "multicanal" e heterogêneo. Isso também foi impulsionado pelo fortalecimento das organizações varejistas, que passaram a receber dos fabricantes algumas verbas específicas para campanhas em suas lojas, compra de espaços em gôndolas e assim por diante. A seguir, estão apresentadas duas alternativas para que a gestão de trade marketing tome melhores decisões com a análise de dados.

Cultura *test and learn*

Muitas empresas chamam de *test and learn* o que podemos considerar (em alguns casos) experimentos. São iniciativas que indústrias de consumo e varejistas podem fazer para testar novas ideias de atividades de marketing/vendas antes de implementar (ou não) em larga escala. As premissas são: atividades feitas em menor escala (projeto piloto), com baixo custo para testar ideias inovadoras que devem ser devidamente mensuradas e podem dar errado ou, se derem certo, a empresa pode expandir a atividade. Por exemplo, nós, autores deste livro, participamos de um projeto de consultoria para a Coca-Cola que testou um modelo de gerenciamento por categorias no pequeno varejo de vizinhança. Os resultados no "piloto" em oito varejistas foram satisfatórios e o programa foi expandido para mais de 300 varejistas. A ideia da iniciativa surgiu da área comercial e de trade marketing da Coca-Cola. Portanto, a cultura *test and learn* ajuda a empresa a explorar novas formas de uso de recursos de marketing/comercial e deixar de ser conservadora, ou de "fazer mais do mesmo". Em 2005, a McKinsey apresentou a chamada "regra de ouro" na alocação de recursos, baseada na premissa de que a empresa deveria gastar de 75% a 80% do seu orçamento de marketing/comercial/trade em atividades de efetividade comprovada. Os outros 20% a 25% deveriam ser alocados para que a empresa fizesse experimentos (*test and learn*) em novas iniciativas.

Controle de verbas e mensuração de resultados

A mensuração de resultados a partir de um efetivo controle de verbas comerciais e de marketing é fundamental no processo de decisão sobre a distribuição futura de orçamentos nessas áreas. Começamos a perceber diversas empresas iniciando discussões

TRADE MARKETING

sobre áreas funcionais e processos específicos que foquem na mensuração dos resultados das atividades de marketing e controle de verbas comerciais e de trade marketing que são destinadas ao ponto de venda. Assim, a presença de "números", "equações", "cálculos e análises estatísticas" na área de trade marketing torna-se, cada vez mais, uma realidade. Considerando a importância da mensuração e avaliação dos resultados em trade marketing, a seguir são abordados indicadores (KPIs) operacionais e financeiros.

Métricas operacionais

As métricas operacionais, ou seja, relacionadas à conformidade das atividades de trade marketing executadas nos canais, são avaliadas pelas indústrias a partir da verificação de sua aderência e coerência com as estratégias dos pilares em trade marketing (sortimento, preço, visibilidade e promoção). Assim, a partir da observação da metodologia de controle de resultados em diversas empresas, a seguir é apresentado um esquema para que os fabricantes consigam fazer as avaliações de resultados a partir da conformidade de execução por ponto de venda auditado. Dessa forma, os pilares de trade marketing podem ser avaliados conforme seus objetivos, de acordo com métricas específicas.

- *Métricas de sortimento.* Venda de produtos no canal de distribuição (varejista) adequado, de acordo com a estratégia de cada linha de produtos e segmentação de mercado.
- *Métricas de preço praticado na ponta.* Precificação dos produtos disponíveis ao consumidor final conforme valor sugerido pelos fabricantes aos varejistas a fim de que o preço na ponta seja coerente com a segmentação de mercado e com o valor entregue ao consumidor final.

FASES DE EXECUÇÃO DO TRADE MARKETING

- *Métricas de visibilidade.* Presença de materiais de comunicação nos pontos de venda para impulsionar a venda dos produtos ofertados e a exposição dos produtos em espaços extras. Tudo isso contribui com a exposição de produtos na área de vendas (EAV), que também deverá ser auditada.
- *Métricas de promoção.* Presença de promoções de vendas nos varejistas, por exemplo: cupons, *on pack*, brindes, amostras de produtos. Essa presença deve ser avaliada em relação ao que foi planejado pela área de trade marketing do fabricante e ao que está sendo executado efetivamente nos pontos de vendas.

Para conseguir fazer o controle dos indicadores (métricas ou KPIs) em trade marketing, sugere-se que a empresa tenha ferramentas como softwares específicos de controle de verbas comerciais e de trade. Alguns institutos são reconhecidos por oferecer esse tipo de informação (por exemplo, Nielsen e The Toolbox Group, entre outros). No entanto, algumas empresas preferem desenvolver seus sistemas próprios de pesquisa e medição de desempenho, para avaliar sua atuação no mercado por meio da contratação de pesquisadores próprios e estruturação de sistemas informatizados utilizados por profissionais de trade marketing, a fim de obter os referidos indicadores.

Para tornar consistente a aplicação de métricas para cada pilar de trade marketing, nessa etapa são apresentadas as explicações dos indicadores que compõem cada um deles. Porém, antes de aprofundar essa apresentação, deve ser atribuído o grau de importância da empresa à avaliação de cada pilar de trade marketing. Para exemplificação, é sugerida a seguinte ponderação: sortimento (30%), preço (25%), visibilidade (30%) e promoção (15%).

As métricas de cada pilar devem ser realizadas comparando--se o que é verificado nas lojas auditadas com o que é considerado nível de execução ideal para cada pilar. Conforme apresentado no

TRADE MARKETING

item anterior deste capítulo, é importante contextualizar que os gestores de trade marketing devem ter definidas as regras de execução de mercado para cada linha de produtos, de acordo com a segmentação de mercado da empresa, envolvendo principalmente o tipo de intermediário (canal) desejado pela empresa para ofertar determinados produtos de sua linha. A partir das experiências dos autores deste livro e para facilitar o entendimento quanto à aplicação dessas métricas propostas, é apresentado um exemplo de um fabricante de produtos alimentares, denominado neste capítulo "empresa Alfa". A empresa Alfa audita, com liderança da área de trade marketing, uma amostra composta por 950 pontos de venda para avaliar sua execução de mercado, tendo sua amostra distribuída de acordo com os seguintes canais: grandes supermercados (40), pequenos supermercados (120), padarias (250), mercearias (200), lanchonetes (260) e bares (80). Nos itens a seguir, estão apresentados os detalhamentos de análise de cada indicador de desempenho operacional em trade marketing.

Pilar 1 – sortimento

Esse atributo é referente à existência de produtos nos pontos de venda que são adequados ao plano de produtos da empresa, principalmente em conjunto com a análise de sua segmentação de mercado e posicionamento. Por exemplo, considerando que a empresa Alfa tenha os produtos listados que, segundo as regras do guia de execução, deverão estar disponíveis em alguns canais específicos, conforme o quadro 4. Após a auditoria de ponto de venda, foi identificado o número de pontos (por canal) que tinham o correspondente produto.

O quadro 4 identifica a quantidade de pontos de venda pesquisados que estão em conformidade, ou seja, possuem o produto foco (sortimento desejado) para cada canal. Após a coleta, a análise desse

FASES DE EXECUÇÃO DO TRADE MARKETING

item deverá ocorrer relacionando-a com a amostra pesquisada. Como etapa seguinte, deve-se calcular a pontuação que a empresa receberá nesse pilar.

Quadro 4
Avaliação do sortimento

A) Regras de execução de mercado de sortimento da empresa Alfa

Produto	Sabor	Embalagem	Produto/canal					
			Autosserviço	Minimercado	Padaria	Mercearia	Lanchonete	Bar
Suco	Laranja	Cartonada, 200 ml		Obrigatório	Obrigatório	Obrigatório		
Suco	Laranja	Cartonada, 1 l	Obrigatório	Obrigatório				
Refri	Guaraná	Vidro, 237 ml	Obrigatório				Obrigatório	Obrigatório
Refri	Guaraná	Lata, 335 ml	Obrigatório	Obrigatório	Obrigatório	Obrigatório		Obrigatório

B) Auditoria de ponto de venda

Produto	Sabor	Embalagem	Número de pontos de venda com disponibilidade do produto					
			Autosserviço	Minimercado	Padaria	Mercearia	Lanchonete	Bar
Suco	Laranja	Cartonada, 200 ml		110	240	180		
Suco	Laranja	Cartonada, 1 l	30	105				
Refri	Guaraná	Vidro, 237 ml	35				230	70
Refri	Guaraná	Lata, 335 ml	25	120	230	195		60
Casos em conformidade (total)			90	335	470	375	230	130

C) Resultado de conformidade (auditoria de ponto de venda *versus* regras de execução)

Indicador	Análise da auditoria					
	Autosserviço	Minimercado	Padaria	Mercearia	Lanchonete	Bar
Total de PDVs pesquisados (amostra)	40	120	250	200	260	80
Quantidade de produtos avaliados no canal (REM)	3	3	2	2	1	2
PDVs pesquisados × quantidade de produtos avaliados	120	360	500	400	260	160
Casos em conformidade (total)	90	335	470	375	230	130
% de conformidade por canal	75%	93%	94%	94%	88%	81%
% de conformidade total	88%					
% peso do pilar sortimento	30%					
% pontuação final do pilar sortimento para a empresa Alfa	26%					

Portanto, de acordo com o exemplo descrito no quadro 4, o pilar sortimento proporcionou para a empresa a pontuação total de 26%. No autosserviço, por exemplo, foram 90 casos em conformidade.

TRADE MARKETING

Ou seja, 90 casos em que os produtos objetivados pela empresa para o canal estavam disponíveis. Esses casos representaram 75% de conformidade, uma vez que havia 120 casos possíveis (40 PDVs pesquisados no canal multiplicado por três, que foi o número de produtos desejados no canal nas regras de execução). A média de conformidade entre todos os canais foi de 88%. Como o peso do pilar "sortimento" foi definido como 30%, a pontuação da empresa nesse pilar foi de 26% (88% × 30%).

Pilar 2 – preço praticado na ponta (ao consumidor)

Este atributo refere-se ao cruzamento do preço coletado pelo pesquisador, de acordo com as regras de execução de mercado da empresa e o sortimento encontrado durante a pesquisa no mercado. Dessa forma, primeiramente as equipes de trade marketing e comercial devem negociar para que o varejista ofereça os produtos ao consumidor final conforme as regras de execução (REM) por canal. O pesquisador deverá então coletar os preços praticados nos pontos de venda visitados. No exemplo da empresa Alfa, foram encontrados os preços médios praticados nos canais para cada produto, segundo o quadro 5. Ao se comparar o posicionamento de preço pretendido pela empresa em sua estratégia, por meio da qual estão contemplados os preços coletados pelo pesquisador no mercado, os itens destacados não estão em conformidade, ou seja, são preços diferentes daqueles que a empresa pretendia praticar. No exemplo, dos 12 itens pesquisados, oito estavam em conformidade com as políticas de preço produto/canal, representando aproximadamente 67% (8 ÷ 12). O peso do pilar "preço ao consumidor" é, conforme já mencionado, de 25%. Assim, a pontuação final do pilar de "preço" foi de 17% (67% × 25%).

Quadro 5
Avaliação do preço

A) Regras de execução de mercado de preço ao consumidor da empresa Alfa								
Produto	Sabor	Embalagem	Produto/canal					
			Autosserviço	Minimercado	Padaria	Mercearia	Lanchonete	Bar
Suco	Laranja	Cartonada, 200 ml		R$ 1,00	R$ 1,00	R$ 1,00		
Suco	Laranja	Cartonada, 1 l	R$ 3,00					
Refri	Guaraná	Vidro, 237 ml	R$ 1,50				R$ 1,00	R$ 1,00
Refri	Guaraná	Lata, 335 ml	R$ 1,50	R$ 1,20	R$ 1,20	R$ 1,20		R$ 1,00

B) Auditoria de ponto de venda (preço médio dos produtos nas lojas com disponibilidade dos itens)								
Produto	Sabor	Embalagem	Produto/canal					
			Autosserviço	Minimercado	Padaria	Mercearia	Lanchonete	Bar
Suco	Laranja	Cartonada, 200 ml		R$ 1,00	R$ 1,00	R$ 1,00		
Suco	Laranja	Cartonada, 1 l	R$ 3,50					
Refri	Guaraná	Vidro, 237 ml	R$ 1,20				R$ 1,00	R$ 1,00
Refri	Guaraná	Lata, 335 ml	R$ 1,50	R$ 1,60	R$ 1,30	R$ 1,20		R$ 1,00

Pilar 3 – visibilidade

A visibilidade, em trade marketing, é analisada pela perspectiva de que os pontos de venda devem possuir materiais de comunicação, pontos extras e uma elevada exposição na área de vendas (EAV) para seus produtos. No exemplo utilizado neste capítulo, cada uma dessas avaliações possui peso de 10%, compondo o total de 30% do peso do pilar visibilidade. Relacionado à comunicação no PDV, podem ser citados, entre vários outros, os seguintes materiais: faixa de gôndola, *displays* de pontos de venda; precificadores, móbile, *stopper*, luminosos, balcões de degustação; comerciais via sistema de áudio ou vídeo do ponto de venda (Costa e Crescitelli, 2007). Porém, para a atividade de comunicação no PDV, há o desafio quanto à sua execução efetiva, ou seja, passar do planejamento à prática, pois muitas empresas dependem dos esforços de sua força de vendas, *merchandisers*, ou dos distribuidores de seus produtos como agentes de vendas, atacadistas e *brokers*. Esses conceitos constituem as premissas para a proposição dos indicadores de desempenho

TRADE MARKETING

nesse atributo de execução de trade marketing, preenchido para a empresa Alfa conforme o quadro 6.

Quadro 6
Avaliação da visibilidade – materiais de comunicação

Metodologia de apuração dos resultados	Variável	Quantidade
a	Quantidade de pontos de vendas auditados pela empresa.	950
b	Quantidade de pontos de vendas previstos para receber ativação de materiais de comunicação (pertencentes à amostra).	741
c = b ÷ a	Meta de ativação de materiais PDVs.	78%
d	Quantidade de pontos de venda auditados e que possuem materiais de comunicação do fabricante.	533
e = d ÷ b	Índice de conformidade na ativação de materiais POP.	72%

Pode-se considerar que há 72% de PDVs ativados com materiais de comunicação em relação à quantidade desejada pela empresa Alfa (78%). Assim, nesse atributo de exposição de materiais de PDV, a empresa Alfa está 7,2% em conformidade em relação ao seu peso de 10% (72% × 10%).

Dessa forma, o indicador permite analisar se a quantidade de materiais de PDV comprada pela empresa está realmente ativada no mercado na amostra pesquisada. Em muitos casos, os gestores de marketing compram uma grande quantidade desse material, onerando seus orçamentos de comunicação (recursos que poderiam ser utilizados para outras ações), porém esse material não é colocado no PDV pela força de vendas ou pelos promotores. Com isso, pode ser gerada uma diferença entre a ativação esperada e a realizada. Muitas vezes é necessário rever a estratégia de duas maneiras, sendo: (1) comprar menos materiais e utilizar a verba para outras iniciativas de marketing ou comerciais ou (2) rever a relação da indústria com os pontos de venda que não quiseram disponibilizar materiais de comunicação no PDV para seus produtos, pois, nesse caso, muitas vezes já há material da concorrência ou simplesmente o varejista possui materiais de comunicação próprios.

Sobre o segundo item avaliado no pilar "visibilidade", referente aos pontos extras, eles representam os locais no ponto de venda onde os produtos são ofertados fora da área de exposição de sua categoria. Por exemplo, quando há presença de produtos em *racks*, ponta de gôndola ou em outros materiais de exposição de produtos, fora do espaço reservado à categoria. Nessa avaliação, é auditado se há presença de pontos extras no ponto de venda. Caso haja, deverá ser analisada a quantidade de pontos extras da empresa fabricante em relação à quantidade de pontos extras da categoria conforme o quadro 7. A seguir, é apresentado o exemplo para a empresa Alfa.

Quadro 7
Avaliação da visibilidade – pontos extras

Metodologia de apuração dos resultados	Variável	Quantidade
a	Quantidade de pontos de venda auditados pela empresa.	950
b	Quantidade de pontos extras da empresa fabricante.	475
c = b ÷ a	Participação de pontos extras da empresa fabricante.	50%
d	Quantidade de pontos extras dos concorrentes.	237
e = d ÷ a	Participação de pontos extras dos concorrentes.	25%
f = c ÷ e	Participação relativa de pontos extras.	2,00

Portanto, entende-se que a empresa Alfa apresentou 50% de percentual de participação de pontos extras em relação ao total de pontos de vendas auditados na pesquisa, enquanto seus concorrentes tinham 25%. Ou seja, a participação relativa da empresa Alfa em termos da ativação de pontos extras é de 2. Entende-se, assim, que há dois pontos extras da empresa fabricante para cada ponto extra encontrado de seus concorrentes. Considerando que a meta estabelecida pela empresa Alfa para a participação relativa de pontos extras, de 2,5, ela atingiu 80% de sua meta (2,0 ÷ 2,5). Assim, nesse atributo de ativação de pontos extras, a empresa Alfa está 8% em conformidade, em relação ao peso de 10% (80% × 10%).

Por fim, o terceiro item avaliado no pilar "visibilidade" é a participação na área de vendas (EAV = espaço na área de venda), que reflete a disponibilidade de produto acessível ao consumidor no ponto de venda. No exemplo da empresa Alfa, sua gestão definiu que o objetivo para a empresa é de conseguir mais de 55% de presença na área de vendas de seu segmento de bebidas, exceto em pontos extras, já considerados no cálculo anterior no quadro 7. Portanto, o pesquisador, no ponto de venda, deverá contar (ou medir) a quantidade de produtos da empresa Alfa e a de suas concorrentes, o que permitirá o cálculo de quantos produtos da empresa Alfa estão expostos nas gôndolas de alimentos e bebidas em relação à quantidade total de produtos desses segmentos disponíveis. Recomenda-se a utilização desse atributo somente para autosserviço, pois nele os produtos estão expostos em grandes quantidades e acessíveis ao consumidor. Nesse exemplo, considera-se que a empresa Alfa obteve 52,8% de exposição de seus produtos na área de vendas de bebidas em relação aos seus concorrentes do mesmo segmento.

Assim, nesse atributo de ativação de pontos extras, a empresa Alfa está 96% em conformidade (52,8% em relação a 55% de meta de EAV). Em seguida, ponderado pelo peso do atributo de 10%, tem-se uma pontuação de 9,6%. Dessa maneira, a partir da soma do percentual de conformidade nas métricas de ativação dos materiais de comunicação (7%), pontos extras (8%) e espaço na área de vendas (9,6%), gera-se uma pontuação no pilar de visibilidade de 25%.

FASES DE EXECUÇÃO DO TRADE MARKETING

Pilar 4 – promoção

As promoções de vendas se destacam por objetivar gerar resultados em vendas no curto prazo, ou seja, durante a campanha. São diversas as possibilidades de promoções de vendas para serem realizadas pelas empresas fabricantes e ativadas nos varejistas, desde distribuição de brindes até promoções *on-pack* ou distribuição de cupons. Sua métrica de conformidade da ativação, já aplicada na situação da empresa Alfa, pode ser avaliada conforme apresentado no quadro 8.

Quadro 8
Avaliação da visibilidade – promoção

Metodologia de apuração dos resultados	Variável	Quantidade
a	Quantidade de pontos de venda auditados pela empresa.	950
b	Quantidade de pontos de venda previstos para receber ativação de promoções (pertencentes à amostra).	400
c = b ÷ a	Meta de ativação de promoções.	42%
d	Quantidade de pontos de venda auditados que possuem promoções do fabricante.	150
e = d ÷ b	Índice de conformidade de ativação das promoções.	38%

Após a aplicação do quadro 8, deve ser calculada a nota da empresa no pilar de promoção. Assim, a pontuação final é 6%, pois considera o peso de 15% (38% × 15%).

Consolidação e análise dos resultados de mercado a partir dos indicadores

Após a mensuração de cada pilar avaliado a fim de obter os resultados de conformidade da execução de mercado de determinada

TRADE MARKETING

empresa, é importante que haja a consolidação das informações e elaboração de um relatório gerencial. Referente ao exemplo da empresa Alfa, seus resultados foram: sortimento (26%), preço (17%), visibilidade (25%) e promoção (6%). Portanto, a soma da conformidade de cada pilar gera a conformidade da execução em trade marketing de 74%.

Várias empresas utilizam sistemas automatizados de coleta de dados, que permitem acompanhar o resultado de conformidade por ponto de venda e, dessa maneira, é possível avaliar a equipe comercial e que a área de trade marketing proponha treinamentos e melhorias de acordo com a conformidade por ponto de venda, região, gerente, supervisor, vendedor ou promotor.

Métrica financeira: ROI em trade marketing

Diversos avanços propostos foram feitos para analisar o retorno de investimento de muitas das atividades empresariais que são avaliadas. Como métrica voltada para orientar a tomada de decisão dos gestores de marketing, o chamado retorno sobre investimento em marketing (ROI, ou, do inglês, *return on investment*) é polêmico. Nesse sentido, segundo Guissoni e Neves (2015) há algumas polêmicas em torno dessa métrica. Ao final, uma metodologia é apresentada para auxiliar profissionais da área quanto ao seu uso.

Uma polêmica é a de que, contabilmente, os recursos utilizados para desenvolver programas de marketing não se caracterizam como um investimento, mas sim, em geral, como despesas operacionais, pois envolvem verbas utilizadas para remunerar agências, veículos, materiais de comunicações e assim por diante. É importante notar que nada disso é considerado ativo; afinal, não resulta na posse de um bem, por exemplo. Resumindo: enquanto o ROI, na perspectiva financeira, analisa o retorno que um ativo da empresa oferece, para

FASES DE EXECUÇÃO DO TRADE MARKETING

o marketing o ROI diz mais respeito à geração de incrementos de fluxo de caixa. Outra polêmica é de que o ROI de merchandising tende a ser muito elevado, de fato, principalmente quando comparado com o retorno gerado pelos veículos tradicionais, como TV. Isso acontece porque o custo de campanhas na TV é muito maior quando comparado ao custo de campanhas de merchandising no ponto de venda. Mas o impulso (ou incremento) gerado nas vendas em virtude da propaganda é, em geral, maior do que aquele gerado por campanhas de merchandising. Contudo, quando dividido pelo nível de investimento necessário para gerar tal impulso nas vendas, verifica-se que o ROI não é tão elevado em alguns casos. Nesse contexto, por que os gestores fazem do ROI de marketing uma das métricas (ou indicadores) mais desejadas? Perguntando isso a executivos de empresas de diversos setores, como o fizemos, a conclusão é que tal importância atribuída ao ROI se dá em virtude da necessidade de o marketing "falar" a linguagem comum no mundo dos negócios, e essa linguagem é financeira. Ou seja, o ROI de marketing é um ponto de referência utilizado para a gestão de marketing defender o orçamento de suas atividades e seu papel na estrutura organizacional de uma empresa. É, também, um ponto de referência para o gestor de determinada marca comprovar que obteve melhores resultados do que o gestor de outra marca da mesma empresa e, assim, obter mais reconhecimento profissional. Em suma: é a chave para aliviar a pressão e questionamentos com que a área de marketing tem se deparado.

O cálculo do ROI de trade marketing representa, assim, o retorno proveniente dos recursos utilizados para os programas de marketing dirigidos para os pontos de venda e para o shopper por meio do canal. Especificamente sobre seu cálculo, tem-se que as campanhas de trade marketing objetivam influenciar a decisão do varejista e a compra do shopper em favor de uma marca específica. A partir dessa influência, espera-se o que chamamos de "vendas

TRADE MARKETING

incrementais atribuíveis à campanha", variável essa que pode ser apurada por meio da metodologia de grupo de controle ou com o uso de experimentos de mercado. Por exemplo, a área de trade marketing pode selecionar um conjunto de lojas para fazer determinada campanha (lojas experimento) e outro grupo de lojas parecidas com as lojas de experimento em termos de formato varejista, tamanho e localização em que a campanha não será realizada (grupo de controle). Depois da campanha, a diferença entre as vendas do grupo experimento (com o estímulo de trade marketing) e do grupo de controle (sem o estímulo) resulta nas vendas incrementais da campanha. Portanto, é isolado o efeito da atividade de trade marketing em face dos outros fatores que podem influenciar as vendas em determinado período, como a sazonalidade das vendas da empresa e do mercado. Normalmente, essa variável de venda incremental é representada pelo faturamento ou receita bruta, basicamente obtida pela multiplicação do preço pela quantidade vendida. Porém, há um conjunto de despesas variáveis atreladas a esse faturamento incremental; ou seja, são despesas que variam conforme o nível de vendas, por exemplo, impostos sobre vendas, comissões sobre vendas e o custo do produto vendido (ou serviço prestado, dependendo do setor da empresa). Ao deduzir essas despesas e custos variáveis do faturamento obtido, chega-se no lucro bruto. Em seguida, o lucro bruto dividido pela receita bruta de vendas ou faturamento gera um percentual de margem. É justamente esse percentual que chamamos de "margem incremental atribuível ao marketing". Porém, no seu cálculo não estão consideradas as despesas operacionais (não variáveis) na atividade de trade marketing. Assim, o lucro bruto deverá ser subtraído das despesas de marketing. Em seguida, para entender o percentual de retorno sobre o "investimento", o resultado dessa subtração deverá ser dividido pela despesa de marketing. Segue, no quadro 9, um exemplo de aplicação do seu cálculo.

Quadro 9
Retorno de trade marketing (ROI)

Metodologia de apuração dos resultados	Variável	Valores (R$)	Equação
A	Incremento da receita no período atribuível ao programa de trade marketing.	7.200.000,00	ROI = (vendas incrementais atribuíveis ao trade marketing × margem %) – investimento em trade marketing
B	Margem de contribuição da empresa no período analisado.	12%	
C	Investimento total em trade marketing (R$)	760.000,00	Investimento em trade marketing
d = (a × b − c) ÷ c	ROI de trade marketing	14%	

De acordo com o exemplo apresentado no quadro 9, entende-se que 14% do que foi investido em trade marketing retornaram em termos de margens incrementais à empresa, já deduzidos os investimentos nessas atividades. A partir dessa condição, o ROI em trade marketing representa o retorno do investimento em suas atividades envolvidas, em termos de vendas incrementais, deduzido dos custos variáveis da empresa e do investimento nessas atividades.

* * *

Até aqui, este livro se concentrou nos aspectos de trade marketing: fundamentos, papel do profissional da área, inserção nas organizações e metodologias para fazer o planejamento e controle de suas atividades. No próximo capítulo, serão apresentados os conceitos de shopper marketing em virtude da importância e relação com a área de trade marketing. Especificamente, o próximo capítulo trata da influência da empresa no momento em que o consumidor está no ponto de venda como parte do conhecimento necessário para o leitor compreender o escopo completo da atuação dos profissionais de trade marketing.

3
Shopper e consumidor: conhecendo seus hábitos de compra

Neste capítulo, são abordados os fundamentos de shopper marketing, compreendendo o uso de estímulos de marketing feitos a partir do entendimento ao shopper para influenciá-lo antes, durante e depois de sua visita ao ponto de venda. Em virtude de este livro focar em trade marketing, este capítulo objetiva esclarecer o conceito de shopper marketing e sua relação com trade marketing, principalmente no momento em que o consumidor está no ponto de venda. De acordo com Shankar et al. (2011), shopper marketing é um esforço conjunto de fabricantes e varejistas. Dessa forma, também é um elemento crítico no processo de trade marketing ilustrado no livro, que aborda as possibilidades de melhorias no relacionamento entre fabricantes e varejistas para influenciar o consumidor no ponto de venda, ou shopper, melhorando também os níveis de experiência de compra no varejo.

Fundamentos de shopper marketing

O fator-chave na importância das práticas de shopper marketing envolve a constatação de que nem sempre quem compra um produto nas lojas físicas ou virtuais é a mesma pessoa que vai utilizar e consumir esse produto comprado. Por exemplo, quando alguém compra ração para seu cachorro, o cachorro é o consumidor e seu dono é o shopper. O mesmo ocorre para fraldas (mãe é shopper, crianças são consumidores) e, também, com alimentos, já que muitas vezes uma pessoa vai ao supermercado e compra produtos que serão consumidos por toda a sua família, inclusive por ela, que passa, então, a assumir seu papel de consumidor, e não mais de shopper.

Assim, a comunicação com quem compra o produto – o shopper – requer ferramentas distintas da comunicação dirigida ao consumidor. Para ilustrar, observe dois tipos diferentes de estímulos que objetivam influenciar quem compra um produto.

- *Antes do ponto de venda.* Muitos anúncios nas diversas mídias são endereçados a influenciar determinada pessoa que compra um produto específico, e não a pessoa que o consome. Tal situação é muito comumente encontrada em anúncios de algumas categorias, como perfumes, durante datas temáticas, como Dia dos Namorados, Natal e assim por diante, quando o foco dos anunciantes passa a ser transmitir mensagens do tipo "compre um presente para seu namorado", por exemplo.
- *No ponto de venda.* Estímulos de merchandising são realizados para desempenhar ações, mensagens ou estímulos sensoriais criados e ativados nas lojas com o objetivo de influenciar o shopper no ponto de venda no sentido de comprar determinado produto.

Apesar desse conhecimento, algumas questões que muitos fabricantes, distribuidores e varejistas se colocam são:

- Como influenciar e conquistar o shopper em favor de determinada marca/produto?
- Quais são os fatores que ele considera para decidir entre diversas marcas e produtos?

- O que leva o shopper a optar por determinada loja ou formato varejista? Como um fabricante pode disponibilizar o produto certo, dados os diferentes perfis do shopper em cada formato varejista? De que maneira é possível influenciar um shopper dependendo do formato varejista em que ele compra um produto?

Contribuindo para a busca de respostas a essas questões, apresenta-se o conceito de shopper marketing, que é definido como o uso de estímulos de marketing baseados no entendimento do comportamento do shopper para melhorar a experiência de compra, criando valor para fabricantes, varejistas e clientes finais.

É importante notar que sua aplicação começou a ser estruturada nas empresas com essa denominação no final de 2008, momento em que as práticas de trade marketing já estavam mais consolidadas e a concorrência pelo shopper, no momento da compra, passou a ganhar importância nas estratégias da empresa com os varejistas. Ou seja, não bastava a empresa se relacionar bem com o canal e promover os pilares de sortimento, preço, promoção e visibilidade para obter o nível desejado de vendas para o canal (*sell-in*). A estratégia precisava ser centrada no shopper, pois, assim, garantiria o equilíbrio entre *sell-in* e *sell-out* (conforme abordado no capítulo 1), além de assegurar a consistência da experiência do shopper.

As práticas de shopper marketing acontecem quando há um processo de planejar e executar todas as atividades comerciais e de marketing que possam influenciar o cliente final – ou shopper – durante sua jornada de compras. Por sua vez, o conceito de jornada de compras explora a importância de levar em consideração os estímulos de marketing que acontecem antes e durante a compra (Shankar et al., 2011). Assim, durante a jornada de compras, as estratégias de comunicação de marketing, como propaganda em diversas mídias, eventos e patrocínios, entre outras possibilidades, estimulam os consumidores quanto à compra de determinados produtos.

Porém, a experiência desse mesmo cliente dentro dos pontos de venda, se não for positiva, poderá fazer com que ele mude de opinião e não compre determinada marca que viu anunciada. Portanto, os estímulos de marketing que acontecem dentro das lojas varejistas também têm um papel fundamental no sentido de motivar o cliente a comprar um produto.

Mas, antes de planejar as ações orientadas ao shopper, é importante conhecer as características que ajudam a definir seu perfil. Ou seja, esse processo tem como ponto de partida o entendimento do shopper para diferentes categorias de produtos e ocasiões de compras. E é aqui que o conceito de árvore de decisão aparece, definido no Guia Prático de Sortimento da revista *Supermercado Moderno* (www.sm.com.br/gps-guia-pratico-de-sortimento) como o conjunto de fatores que descreve o processo mental de escolha de um produto. Surge da identificação de um problema e das necessidades ou desejos do shopper. Sua ordem segue a sequência de pensamento da pessoa responsável pela compra do produto. Sugere-se que o leitor acesse o guia de sortimento para verificar a árvore de decisão do shopper na categoria de interesse, de acordo com sua atuação.

Por exemplo, segundo informações disponíveis no mesmo guia de sortimento da revista *Supermercado Moderno* para a categoria "macarrão instantâneo", a árvore de decisão do shopper é, respectivamente: marca, linha/segmento, preço, sabor. No caso da Nissin Ajinomoto, o trabalho dos autores com a empresa permite reconhecer que mais da metade das ocasiões de compra da Nissin são feitas por mulheres sozinhas e que mulheres acompanhadas de filhos têm o *ticket* médio maior. Esses fatores devem ser levados em consideração para desenvolver iniciativas coerentes para influenciar o shopper no ponto de venda. As figuras 10 e 11 ilustram o referido guia de sortimento.

Figura 10
Site do guia de sortimento da *Supermercado Moderno*

Seguindo as informações do Guia de Sortimento da *Supermercado Moderno*, na categoria de antisséptico bucal a árvore de decisão do shopper é, respectivamente: marca, com ou sem álcool, benefício (branqueamento, tratamento para sensibilidade, entre outros), preço, sabor. O perfil do shopper é, em sua maioria, com idade entre 30-39 anos. Assim, a exposição do produto que o trade marketing de uma indústria como Johnson&Johnson (com a marca Listerine) poderia estabelecer e controlar envolveria as seguintes regras (www.sm.com.br/resultado-de-busca-gps/higiene-saude-e--beleza/antiseptico-bucal):

- dentro das marcas na categoria, sugere-se que o varejista inicie a exposição pelos itens que oferecem mais benefícios e, em seguida, os itens mais básicos;
- organizar a categoria colocando as marcas de maior valor agregado no início e as de menor valor no final do fluxo do corredor (ou do shopper quando anda pelo ponto de venda).

Figura 11
Site do guia de sortimento da *Supermercado Moderno* – exemplo de antisséptico bucal

SHOPPER E CONSUMIDOR

Finalmente, sobre as práticas de shopper marketing, a seguir é apresentado um processo composto por três etapas para ajudar os profissionais que atuam com produtos de consumo a desenvolver iniciativas orientadas ao shopper.

1) *Investigar o shopper em seu papel.* O entendimento do papel do shopper refere-se ao profundo conhecimento a respeito do comportamento dele em todas as etapas do processo de compra para os produtos com que você trabalha, considerando as atividades pré-compra, durante a compra (na loja), o consumo e o pós-consumo. Para isso, busque fazer pesquisas (ou observar pesquisas já existentes) com seus clientes para identificar características sobre comportamentos de compra dos clientes finais. O exemplo ilustrado anteriormente, sobre a árvore de decisão do shopper, mostra algumas possibilidades nessa etapa. A seguir está apresentada uma *check-list* sobre como investigar o shopper em seu papel.

a) Análise de mercado consumidor:
- Levantamento de dados de penetração da categoria nos lares e entendimento do universo de consumidores potenciais.
- Entendimento sobre haver ou não potencial relevante de aumento de distribuição a partir de comparações com outras categorias referenciais.

b) Compreensão, por meio de pesquisa com shoppers, sobre quais são suas expectativas com relação a cada formato de varejo. Por exemplo, que tipo de portfólio, promoção e preço espera encontrar em uma padaria, supermercado, hipermercado, ou em um atacarejo.

c) Preferências de compra por categoria:
- Com que frequência realiza a compra, a quantos minutos de casa e quanto tempo quer gastar.
- Onde busca informação sobre produtos e marcas.

TRADE MARKETING

d) Questões gerais:
- Quem é o shopper? Para quem está comprando?
- O que pensa (valores) e como age (comportamento)?
- Ocasião de uso dos produtos e frequência de compra em cada canal.
- Tempo e dinheiro disponíveis e expectativas do shopper sobre o canal.
- Como é o planejamento da compra (pré-compra).
- Como toma conhecimento do produto? (Propaganda, promoções, boca a boca, PDV, internet.)
- Como decide onde comprar? (Que fatores influenciam a escolha – preço, sortimento, conveniência, serviços etc.)
- Como se dá o processo de compra?
- O que atrai a atenção do shopper?
- Que estímulos geram interesse, engajamento e compra?
- Os canais de vendas funcionam de forma integrada no pós-venda?
- Quais são os produtos e canais substitutos, quem tem mais poder?
- Que atributos de canal têm mais peso para o shopper?
- Nível de serviço demandado: fracionamento, variedade, conveniência e tempo de espera.

2) *Integrar os pontos de contato com o shopper.* Após o entendimento do shopper conforme a etapa anterior, a empresa deverá planejar e executar as estratégias de comunicação nos ambientes fora e dentro das lojas. O objetivo é motivar os shoppers a ir até as lojas em que seus produtos e marcas estejam disponíveis. Para isso, devem ser utilizadas diversas mídias e formas de comunicação.

3) *Gerar experiência de compras.* Ajudar a planejar a loja em que seu produto está disponível no sentido de gerar uma experiên-

cia de compra positiva para os shoppers. Para isso, a empresa deverá disponibilizar os produtos adequados ao perfil deles, oferecidos a um preço que eles estejam dispostos a pagar, com produtos bem expostos, tendo um nível de serviços e atendimento que os motive a comprá-los, o que é feito por meio do trade marketing mix abordado no capítulo anterior.

Para complementar a reflexão proposta nesta etapa do livro, uma importante pesquisa apresentada em um periódico científico importante na área, o *Journal of Marketing*, Bell, Corsten e Knox (2011) mostraram que quanto mais abstrato é o objetivo de compra do cliente final nas lojas varejistas, maior é a variação positiva no nível de compras por impulso. Quando o objetivo de compras é mais concreto, envolvendo, por exemplo, a compra de produtos específicos para consumo no mesmo dia ou para atender às necessidades imediatas do consumidor, o nível de compras por impulso é menor.

Isso significa que fabricantes e distribuidores devem buscar realizar ações diferentes para influenciar o shopper, dependendo de fatores como o tipo varejista em que o produto está disponível; afinal, em grandes supermercados tende a existir um maior índice de compras por impulso e, assim, a relação entre trade e shopper marketing envolve o objetivo de conquistar o shopper no ponto de venda. Por outro lado, em supermercados menores de vizinhança, padarias ou mercearias, muitas vezes as pessoas compram produtos para satisfazer suas necessidades imediatas e, assim, o nível de compras por impulso tende a existir, porém, com menor intensidade. Nesse caso, a área de shopper marketing deverá sensibilizar os profissionais de marketing e trade marketing no sentido de que conquistar o shopper antes do ponto de venda é de fundamental importância, mas, para tanto, a área de trade precisará garantir a consistência entre as atividades que influenciam o shopper antes e durante sua visita ao PDV.

TRADE MARKETING

De maneira análoga com as matrizes internacionais de grandes empresas, a área de shopper marketing no Brasil começa a possuir orçamentos próprios e recursos para pesquisas específicas, pontos de partida fundamentais para integrar os silos de marketing e vendas e dar condições para o desenvolvimento integrado das iniciativas da área. Portanto, com as práticas de shopper marketing e os conceitos apresentados neste capítulo, empresas e profissionais que lidam com produtos de consumo poderão obter excelentes resultados, compreendendo que nem sempre quem compra um produto ou marca é quem utilizará o produto.

O shopper e seu processo decisório

Shopper marketing refere-se às atividades de marketing que influenciam o shopper ao longo de sua jornada de compras (Shankar et al., 2011). A primeira fase do shopper marketing endereçou prioritariamente fatores e estímulos de marketing que acontecem dentro das lojas varejistas (do canal). Por exemplo: promoções, merchandising, gestão de espaço, *layout* e planograma. Seguindo a perspectiva de jornada de compra, em um segundo momento, tanto a literatura acadêmica quanto as aplicações empresariais na área reconheceram que shopper marketing deve incluir atividades que acontecem também fora do ambiente de loja, mas que induzem um consumidor a comprar determinado produto em algum momento. A aplicação de shopper marketing começou a ser estruturada nas empresas sob essa denominação no final de 2008. No Brasil, assim como em diversos países da América Latina e da Europa, em geral é a área de trade marketing que se responsabiliza pelo desenvolvimento de canais de marketing e do shopper. Originalmente sendo considerada área de suporte às grandes contas e como área de gerenciamento por categorias, o trade marketing foi se estabelecendo no país como aglutinador das demandas de marketing e vendas para auxiliar os varejistas a atuar de forma mais eficaz com seus clientes.

Entre os modelos de jornada de compras, o funil de marketing (também conhecido como funil de vendas) tem sido popularizado nas empresas. O funil, no ambiente de bens de consumo, refere--se à ideia de que as indústrias e varejistas devem mover clientes prospectivos desde o conhecimento da marca/produto (*awareness*), passando pela consideração ou intenção de compras até, em um momento posterior, a compra e recompra de determinado produto.

Contudo, as empresas têm percebido que os modelos de jornada de compra baseados somente nessa ideia do funil de marketing podem limitá-las nas tarefas de endereçar as oportunidades e de adquirir e manter consumidores depois de determinada compra. As mudanças e avanços em tecnologia têm permitido com que os shoppers utilizem uma variedade de pontos de contato entre meios *online* e *offline*, canais e dispositivos (computadores, *smartphones*, *tablets*). Essas mudanças têm levado o consumidor a novas possibilidades para pesquisar, comprar e recomendar produtos. De acordo com uma citação em relatório preparado pela McKinsey, "o conceito do funil falha em capturar todos os pontos de contato e principais fatores de compra resultantes da explosão na escolha de produtos e canais" (Court et al., 2009:1).

Portanto, os gestores têm começado a afirmar que o processo de compras do shopper não é mais linear como identificado no conceito de funil de marketing (ou de vendas). Assim, muitos denominam essa nova perspectiva "jornada de decisão do consumidor", conceito que é considerado um aperfeiçoamento em relação ao tradicional funil porque *"prospects* não chegam no início do funil e saem pelo final dele, mas sim, movem-se por meio de simultâneos pontos de contato antes, durante e depois de uma compra" (Bonchek e France 2014:2).

No entanto, o foco da jornada de decisão do consumidor era ainda na transação, e não na experiência de compra. Em seguida, houve tentativas, por parte da literatura, de associar o conceito de jornada de decisão de compra com o objetivo das empresas – otimizar a experiência de compra e o uso de produtos – por meio de pontos de contato utilizados nesse processo (Edelman e Singer, 2015). Adicionalmente, a literatura de marketing fez uma contribuição para esse campo de estudo definindo a jornada do consumidor como "o processo em que o consumidor passa por vários estágios e pontos de contato, que formam a experiência do consumidor" (Lemon e Verhoef, 2016:3).

Marketing ao consumidor, shopper marketing, merchandising

Estímulos de marketing no ambiente de loja e merchandising são ações, mensagens ou estímulos sensoriais criados com o objetivo de influenciar o shopper. Por exemplo, atividades de *sampling* e degustações de produtos, promoções, mensagens difundidas por meio de materiais de ponto de venda, jornais de ofertas, internet, entre outros estímulos sensoriais, como iluminação, formas, sons e aromas. O profundo entendimento do comportamento do shopper acontece a partir da investigação sistemática de como ele ou ela pensa (ou sente) e age durante a compra e antes dela. Assim, as técnicas de pesquisa de comportamento de compra são incentivadas para dar sentido ao shopper marketing, cuja promessa principal ao shopper é oferecer *inputs* relevantes ao longo da jornada de compra. Há uma tendência quase instintiva dos pesquisadores em agrupar pessoas com respostas semelhantes quando expostas a certos estímulos. A segmentação dos tipos de shopper é decorrência natural da observação dos clientes em situação de compra.

A partir de anos de acompanhamento de shoppers em seu "ambiente natural" (o ponto de venda), foi possível chegar a algumas conclusões inusitadas que foram rapidamente assimiladas por diversas empresas e pesquisadores que estudam a área. Uma dessas importantes descobertas (*insights*) originou-se da entrevista com clientes de uma bandeira de varejo de desconto que atua com sortimento reduzido, lojas pequenas e de poucos serviços, e que resultou na descoberta de que a insatisfação com a loja não depende majoritariamente da loja em si, mas da expectativa que o cliente – o shopper – tem a respeito do que vai encontrar lá. A partir dessa hipótese, sugere-se que, uma vez garantidas as condições básicas da experiência, como filas, higiene e condições gerais do ambiente, a insatisfação com o processo de compra ocorre se houver dissonância entre o esperado e o de fato encontrado no ponto de venda.

Entretanto, superar as expectativas e correr a "milha extra" na relação com o shopper não é tão simples e demanda um esforço estruturado de toda a organização para mapear os pontos de contato com o shopper e melhorá-los consistentemente do início até que o momento final da compra aconteça: aquele instante crucial no qual o shopper coloca o produto na cesta de compras e o varejista escuta o som da caixa registradora, realizando a venda.

Cliente satisfeito ou positivamente surpreendido tem mais chances de ser um cliente fiel da loja ou da marca. Criar fidelidade é a maneira mais eficaz de valorizar uma marca, seja de varejo ou de um produto de consumo, ou mesmo de um serviço. Sabe-se que os shoppers têm valor no tempo. Tome, por exemplo, o caso de um famoso iogurte funcional que, para fazer efeito adequadamente, deve ser consumido todos os dias. Nesse caso, cada shopper fidelizado vale mais uma quantia considerada de recursos, justificando os altos investimentos dos fabricantes e varejistas em sua fidelização à categoria/marca. Mais adiante, é discutido como a colaboração entre fabricantes e varejistas torna possível gerar mais recursos para o desenvolvimento das categorias e melhorar a execução das ações voltadas para o shopper.

Empresas que têm foco no shopper, tanto no varejo quanto na indústria, e, principalmente, entre as agências de publicidade e promoção, têm se organizado para promover o shopper marketing como uma função organizacional de forma integrada aos organogramas preexistentes. Um desafio adicional percebido hoje é o de encontrar agentes facilitadores preparados para o shopper marketing. Como afirma uma executiva de marketing de uma grande multinacional do segmento de alimentos refrigerados que entrevistamos recentemente, as agências ainda pensam muito em consumidor e desse modo não conseguem chegar com uma ideia inovadora que se destaque no ponto de venda com uma linguagem adequada para os poucos segundos que os shoppers dedicam à compra de cada produto. Entretanto, é interessante notar que independentemente de onde esteja a área de shopper marketing – sob marketing ou vendas –, o princípio continua seguindo o conceito dessa área. A figura 12 ilustra a relação entre a atuação de marketing, shopper marketing e trade marketing, conforme discorrido anteriormente. Após a figura 12, são apresentados os diferentes conceitos relacionados com o tema.

Figura 12
Marketing, shopper marketing e trade marketing

No Brasil, diferentemente dos EUA, o shopper marketing tem surgido a partir da área de trade marketing, como contraponto para uma abordagem meramente baseada nos canais de vendas e, também, como uma evolução do gerenciamento por categorias, para abordar, por exemplo, o desenvolvimento promocional e do *messaging* (mensagem da comunicação no ponto de venda) para o shopper. A seguir, são apresentadas algumas definições que auxiliam a identificar as diferenças entre algumas aplicações na área.

- *Trade marketing*. Conjunto de práticas de marketing e vendas entre fabricantes e seus canais de distribuição com o objetivo de gerar valor por meio da satisfação das necessidades e melhoria da experiência de compra dos shoppers, podendo beneficiar mutuamente fabricantes e seus clientes, conforme as relações de poder entre ambos.

- *Consumer marketing*. Envolve a promoção e comunicação de produtos ao público final. Suas ações são direcionadas a indivíduos, e não a organizações, e promovem os produtos diretamente aos usuários finais em lugar de intermediários. Consiste em desenvolver estratégias para fazer com que os clientes venham ao ponto de venda ou visitem *websites*, por exemplo.

- *Merchandising*. Os conceitos mais comuns tratam do conjunto de técnicas de marketing responsáveis pela informação e apresentação de produtos no ponto de venda, de modo a melhorar o posicionamento competitivo do produto/marca e acelerar sua rotatividade.

A influência do shopper a favor da marca

O sucesso dos estímulos de marketing de fabricantes de bens de consumo e dos varejistas com os shoppers se baseia fundamental-

TRADE MARKETING

mente em criar uma espécie de sintonia com os diferentes segmentos que visitam um estabelecimento de varejo. Tal sintonia é chamada de *rapport*. Quando um vendedor de seguros conhece a estratégia de aposentadoria de um *prospect* (cliente potencial), ele tem muito mais chances de fechar a venda. Isso funciona com vendedores de seguros, carros, roupas e também funciona no autosserviço.

Em Nova York, por exemplo, aqueles que visitaram a Abercrombie & Fitch (A&F loja de roupas) pela primeira vez se surpreenderam com seu ambiente no estilo "balada", com luzes coloridas, música alta e pessoas "malhadas" aparecendo em fotos, nas paredes da loja, atrás dos balcões ou até mesmo na entrada. Torsos masculinos depilados em fotos preto e branco nas paredes e sacolas certamente atraem a atenção de alguns, mas desagradam outros. Essa estratégia muito bem focalizada de comunicação é a base do sucesso da A&F, que criou uma legião de fãs entre os adolescentes de todo o mundo, os quais consistiam no público-alvo da marca.

No Brasil, a Chilli Beans é um bom exemplo de como uma loja pode entrar em sintonia com seu público em vários níveis criando uma experiência única. Mesmo num quiosque dessa marca de óculos, relógios e acessórios, é possível reconhecer a assinatura marcante de seus criadores e o foco no público jovem. Eles tiveram êxito em definir um alvo claro e conectar-se com ele no ponto de venda em todos os níveis neurológicos da experiência. Ou seja, nossas experiências são processadas em nossa mente em cinco níveis ligados à própria forma como nosso cérebro foi "desenhado" para atuar:

- *Ambiente*. É o mais instintivo dos níveis; gostamos ou não de um ambiente sem nem mesmo saber por quê.
- *Comportamento*. Envolve algumas emoções associadas ao efeito "amor à primeira vista". Simplesmente, nos sentimos bem ou mal dependendo de como somos recebidos. É instantâneo:

um garçom desavisado pode arruinar nossa experiência com um simples comentário, por exemplo.

- *Identidade*. A identidade está ligada ao sistema imunológico. Assim, nos sentimos mais confortáveis entre semelhantes, o que, por exemplo, ajuda a explicar o sucesso da loja de bonecas e roupas infantis American Girl. Nela, as crianças podem comprar bonecas que se parecem com elas mesmas e depois se vestir com roupas iguais às da boneca que a mimetiza. Tem se mostrado uma boa ideia e vai direto ao centro da identidade das crianças e das mães.

- *Crenças e valores*. Refletem a forma como fomos criados, educados, aquilo em que acreditamos. Muitas pessoas decidem não comprar produtos testados em animais por uma questão de valores. As crenças mostram como as pessoas julgam os acontecimentos. Por exemplo, a discussão sobre privacidade nas mídias sociais envolve um debate de valores baseados em crenças pessoais.

- *Além da identidade*. Esse é um tipo de experiência que pode ser chamada de "espiritual", porque envolve a forma pela qual nos vemos e vemos os outros inseridos no mundo. As grandes aspirações humanas e os sentimentos mais nobres, como a compaixão, acontecem nesse nível. Quando uma marca está envolvida sinceramente em ajudar a comunidade, percebemos isso e nos conectamos com ela.

Observe, leitor, o desafio de influenciar o shopper no momento em que ele está no ponto de venda. Como uma marca consegue induzir o shopper ao longo de sua jornada de compra em um ambiente de loja, como o de supermercados, com cerca de 20 mil SKUs (unidades de produtos) ou de hipermercados, com cerca de 50 mil SKUs? Ou seja, como integrar as ações de comunicações feitas fora da loja e que proporcionaram conhecimento sobre determinado produto ao consumidor, às ações dentro da loja e ao momento da verdade, vislumbrando atrair, engajar, persuadir e impulsionar o shopper a comprar um produto específico?

Algumas pesquisas mostraram que nos Estados Unidos, por exemplo, 73% dos consumidores compram em mais de um formato de loja diferente. Somente 26% são fiéis ao ponto de venda. E, ainda, quando estão no momento da verdade, 70% das decisões de compra são feitas diante da gôndola, e é nesse momento que 59% desses consumidores escolhem a marca (Mello, 2010). A questão envolvendo as compras por impulso ganhou destaque principalmente quando Underhill (2000) identificou em sua pesquisa que entre 60% e 70% das compras feitas em supermercados são realizadas por impulso. Esse estudo demonstrou a importância do momento da verdade para o sucesso das marcas dos fabricantes.

Entretanto, há pesquisas que questionam a elevada representatividade das compras por impulso, por exemplo, os resultados indicados por Bell, Corsten e Knox (2009), da Wharton Business School. Segundo os resultados de sua pesquisa, as compras por impulso representariam 20% (em vez de 70%) das compras, afetando as premissas com as quais alguns profissionais de marketing têm planejado suas ações, pois se baseiam na importância do ponto de venda para as compras por impulso. Apesar de o autor inferir que os resultados poderiam ser considerados em outros países, como os Estados Unidos, a pesquisa foi conduzida com 2.945 clientes de supermercados da Holanda, considerando diversas categorias de produtos. Ainda, na mesma pesquisa, foram apresentados os seguintes resultados:

- A parcela de compras não planejadas chega a 44% se o consumidor vai ao supermercado de carro e não a pé.
- As compras espontâneas aumentam aproximadamente 23% caso a ida ao supermercado não tenha sido planejada. Con-

tudo, as compras espontâneas diminuem por volta de 13% caso se trate de visitas semanais de compras.

- Jovens adultos e solteiros que possuem renda elevada são responsáveis por mais de 45% das compras não planejadas nos supermercados.

Embora existam diversos questionamentos e pesquisas diferentes que versam sobre a relevância das compras por impulso, o fato é que o momento da verdade é desafiador e importante em um contexto no qual parte das compras é realizada por impulso. Ou seja, considerando a jornada de compras do shopper, esses dados destacam a importância de que a estratégia dos fabricantes esteja, também, orientada para ele, a fim de que encontre as marcas dos fabricantes em diversas lojas e ocasiões, incentivando sua escolha.

Em virtude disso, é fundamental, portanto, que o fabricante aborde o processo completo para a elaboração de estratégias de shopper marketing a partir da investigação do shopper em seu papel, conforme o esquema apresentado no capítulo 4. Ou seja, é fundamental que o fabricante contrate suas próprias pesquisas a fim de compreender o perfil de seu shopper no ponto de venda para, assim, executar ações relevantes para o primeiro momento da verdade.

Nesse contexto, a expressão "momento da verdade" passou a ser utilizada por diversas empresas que planejam ações orientadas para o shopper, pois, apesar de sua simples definição, permite orientar as ações dos fabricantes para que suas marcas ganhem destaque nas gôndolas das lojas para o momento em que o shopper ficará frente a frente com diversas opções de marcas expostas na loja.

Auxiliar o shopper no processo de compras é um aspecto que contribui favoravelmente para a experiência da compra e, consequentemente, para o aumento das vendas, diminuindo as barreiras e incertezas desse processo.

O desenvolvimento dessas ações pressupõe o conhecimento do shopper e de seu processo decisório. A loja de departamentos Marshall's, localizada na 620 Avenue of Americas, em Manhattan, por exemplo, encontrou uma solução extremamente simples e objetiva de auxiliar os shoppers na decisão de compra de roupas. No provador, o shopper tem diferentes ganchos para pendurar os itens experimentados:

- *definitely* (definitivamente) – itens que certamente irão para o guarda-roupa;
- *possibly* (possivelmente) – a decisão final sobre os itens ainda será tomada;
- *tomorrow* (amanhã) – itens que não serão comprados hoje, mas por que não comprá-los amanhã, numa próxima visita à loja?

A figura 13 ilustra a revisão de um consumidor pelo Yelp, que postou a foto do provador e o comentário "fazendo a vida um pouco mais fácil".

Figura 13
Exemplo de incentivo no processo decisório do shopper – loja Marshall's

Fonte: <www.yelp.com/biz_photos/marshalls-moorestown?select=kr5WANRJx9OUHpT8i8s8Ug>. Acesso em: jun. 2017.

O exemplo da figura 13 ilustra o processo de autoconvencimento ao qual o shopper se submete após experimentar os itens. Após pendurar os itens nos respectivos ganchos, a decisão está tomada. Quebram-se, portanto, algumas barreiras à compra.

Portanto, criar ferramentas que facilitam o processo de compra e alavancam as vendas das lojas/marcas não requer, necessariamente, grandes investimentos em tecnologia e sinalização, mas sim entrar na pele do shopper, entender seu processo decisório e criar estímulos para melhorar a experiência de compra.

Os shoppers são influenciados por diversas variáveis, as quais podem estar relacionadas com as ações de comunicação que os cercam em diversas ocasiões, seja em casa, ao assistirem à televisão; em trânsito (*on the go*), ao visualizarem anúncios presentes em mídia exterior, como pontos de ônibus; ou no ponto de venda, ao participarem de degustações, visualizarem cartazes e *displays* das marcas anunciadas nas lojas, por exemplo.

Figura 14
Influência das atividades de comunicação dentro e fora do ponto de venda

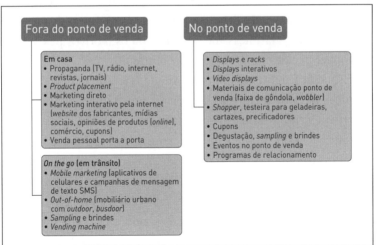

Conforme é observado na figura 14, vislumbrando conseguirem uma completa influência sobre o shopper, os fabricantes buscam formas de se comunicar com esse público em diversas ocasiões, incluindo meios que o alcancem em casa, em trânsito e no ponto de venda. O primeiro passo é entender como o shopper toma conhecimento do produto e, em seguida, como define em qual canal irá comprá-lo. Saber como o shopper interage com sua marca antes de chegar ao PDV é fundamental para aumentar a probabilidade de ele considerá-la no processo de decisão. Qual é a missão de compra do shopper quando entra em um supermercado, por exemplo? A compra da categoria é planejada ou acontece por impulso? Entender esses pontos é crucial para definir qual o tom adequado da comunicação no ponto de venda. Às vezes, mesmo encontrando o produto no PDV, no lugar certo, exposto da forma correta, ele acaba não levando sua marca e preferindo outras velhas conhecidas. Será que o problema é preço? Será que está em dúvida quanto às vantagens do produto para ele ou ela? Nesse ponto, o planejamento da mensagem para o público-alvo é de crucial importância: a mensagem certa tem o poder de converter a dúvida em certeza sobre a compra do seu produto. E transformar intenção de compras em conversão demanda entender as barreiras de compras e as chamadas "alavancas" de compras, ou os motivos pelos quais o shopper decide comprar certo produto.

Especificamente no ponto de venda, são executadas diversas técnicas para os estímulos sensoriais no shopper. Com isso, o objetivo é criar a experiência de compra satisfatória e estimular a preferência do shopper por determinados produtos e marcas. Especificamente no ponto de venda, há um grande número de variáveis que influenciam a experiência de compra. Muitos desses fatores podem ser gerenciados pelos fabricantes e varejistas no momento da compra. O ponto de venda proporciona uma influência significativa nas opiniões, sentimentos e motivações dos shoppers.

O conceito de atmosfera de lojas na década de 1970 aborda o conjunto de técnicas e atividades planejadas no ambiente da loja com a finalidade de criar determinados efeitos nos clientes no ponto de venda. Essas técnicas envolvem trabalhar com fatores sensoriais relacionados aos cinco sentidos humanos: visão, audição, olfato, tato e paladar. Assim, a atmosfera de loja pode afetar o comportamento do shopper de três diferentes maneiras (Farias, 2010): (1) em um primeiro momento permite que com a utilização de cores, sons e outras possibilidades, a atenção do shopper seja capturada; (2) é, também, um meio de transmitir a mensagem de que a loja expressa determinadas características de um ambiente específico; (3) pode estabelecer uma conexão afetiva e emocional com o público da loja, uma vez que as características de determinado ambiente impulsionam reações internas nos indivíduos, contribuindo positivamente para suas compras. Hoffman e Turley (2002:35) abordaram uma visão holística acerca do conceito de atmosfera da loja, definindo que a atmosfera "é composta por elementos tangíveis como o prédio, luzes e decorações da loja até elementos intangíveis como cores, música, temperaturas e aromas que compõem a experiência do serviço". Para planejar a atmosfera da loja, algumas questões relevantes devem ser respondidas antes de serem executadas ações que impactem os sentidos humanos dos shoppers. Algumas dessas questões incluem: Qual o perfil do shopper da loja? O que esse shopper procura em termos de experiência de compra, ou seja, o que ele valoriza no momento da compra? Quais são as ações que influenciam a percepção dos shoppers e podem fortalecer suas reações emocionais? Ao responder a essas questões, o varejista estará mais apto a oferecer uma efetiva experiência de compra.

Assim, o marketing experiencial é a interação próxima e relevante entre a marca e o shopper, que pode ser impulsionada no ponto de venda por meio da utilização de um conjunto de ferramentas organizadas como um todo integrado, contemplando

TRADE MARKETING

desde a identidade visual da marca, como também as ações de comunicação, as características do produto, o ambiente, o *layout* e a atmosfera da loja.

Portanto, para a criação de uma experiência de compra relevante utilizando-se estímulos sensoriais no ponto de venda, a integração entre o fabricante e o varejista é essencial. Nesse contexto, a abordagem dos conceitos do marketing experiencial é fundamental para compreender a relevância dos estímulos sensoriais no ponto de venda. O marketing experiencial é orientado em torno da criação de experiências no shopper, promovendo a estimulação dos sentidos e da percepção humana, envolvendo a emoção e a mente das pessoas. O ser humano utiliza os cinco sentidos para qualquer atividade cotidiana. Eles são a base de qualquer experiência, seja de consumo ou de compra, e influenciam suas decisões o tempo todo. Cada sentido possui um peso diferente de importância que varia de pessoa para pessoa. As experiências sensoriais são imediatas, inconscientes e têm o poder de mudar o nosso comportamento de forma drástica. Neste momento, o leitor deve ter percebido que as ações feitas nos pontos de venda para estimular os sentidos humanos dos seus clientes de maneira integrada é um dos requisitos para criar a experiência de compra, ou seja, é fundamental não agir de maneira isolada. Isso não é algo novo, contudo ainda é fonte de diversas oportunidades para fabricantes e varejistas trabalharem em conjunto e proporcionarem uma experiência de compra positiva ao shopper, por exemplo, promovendo degustações de produtos, fornecendo essências e aromas, incentivando a utilização de música na loja. Além disso, com o avanço da tecnologia, é possível utilizar novos equipamentos para estimular os sentidos humanos, como televisões sofisticadas, computadores, diversos tipos de luzes, entre outros. De maneira geral, apesar de a visão ser mais representativa, é importante instigar, por meio de estímulos na atmosfera de loja, todos os sentidos humanos (visão, paladar, audição, olfato e tato).

Quando somos crianças, até os cinco anos de idade, o olfato é muito mais desenvolvido do que os demais sentidos e, por esse motivo, nossas memórias olfativas de infância são tão fortes. A partir dos 10 anos de idade, é a visão que se sobressai, uma vez que a exercitamos mais quando aprendemos a ler (Gobé, 2007). Os cinco sentidos se desenvolvem ao longo da vida, com o exercício diário. Pessoas que trabalham como "perfumeiros" ou na alta gastronomia, por exemplo, aprendem a desenvolver os sentidos que lhes servem no cotidiano. Outro exemplo são pessoas que nascem com uma ou mais deficiência sensorial e, pelo próprio instinto de sobrevivência, aprendem a desenvolver melhor seus outros sentidos.

Visão

A visão é o principal sentido que o ser humano utiliza. Ela ocorre, de fato, no cérebro, e não nos olhos. Existe um processamento de imagens, feito no decorrer de sua identificação, que faz com que exista uma hierarquia da percepção visual (Pradeep, 2010).

Primeiro, o cérebro humano reconhece a forma, depois a cor e finalmente as palavras. As formas trazem uma identidade rápida, enquanto as cores ativam memórias e emoções, aumentando a capacidade do cérebro de processar informação.

Forma e cor melhoram o *recall* das marcas e é importante utilizá--las na estratégia de marketing. A escolha da cor do logo da marca das empresas, uma decisão do "P" de produto, é muito importante nesse sentido. De fato, deve ser escolhida não pela beleza, mas porque vai atrair seu *target* e fará sentido para ele.

Audição

A audição também é um sentido importante e pode ser estimulada em diversas ocasiões. No *preshop*, ou seja, durante a fase de planejamento da compra, as empresas podem criar uma âncora auditiva com suas marcas. Porém, antes de começar um trabalho de experiência auditiva e de validar as propostas das agências, é muito importante fazer um trabalho preliminar de pesquisa, para descobrir se o som que você quer utilizar já está sendo utilizado.

A Kraft Foods (atual Mondelez), por exemplo, utilizou, em 2011, uma música do grupo Telépopmusik para uma propaganda para a marca de café francesa Carte Noire; uma música similar havia sido utilizada na Europa pela L'Oréal para as propagandas da marca Garnier em anos anteriores. Para um bom número de mulheres francesas, essa melodia estava associada à marca Garnier, o que criou uma associação auditiva confusa.

No ponto de venda, o varejo e as indústrias já entenderam o poder do som e o interesse em estimular a audição durante a experiência de compra. Dessa maneira, as lojas de varejo usam música diferente (mais lenta ou mais rápida) em função do posicionamento da marca, com o objetivo de incentivar a compra. Nos Estados Unidos, Lindstrom (2011) apresentou um experimento que conduziu em uma loja de vestuário utilizando música rápida e lenta para provar sua importância na experiência de compra. O experimento demostrou que uma música mais lenta permite aumentar o tempo passado na loja em 18% e aumenta a compra em si em 35%.

Memória e olfato: uma conexão poderosa

Apesar de ter uma influência relativamente pequena (3,5% dos cinco sentidos), o olfato é um sentido muito poderoso. Enquanto a visão

SHOPPER E CONSUMIDOR

e a audição podem ser seletivas, o olfato não tem esta faculdade, pois os cheiros são involuntários e não podemos filtrá-los. Cada vez mais, as lojas de vestuário e de perfumaria utilizam essa ferramenta para explorar ao máximo esse sentido tão poderoso e para criar uma identidade específica para a marca. A Abercrombie and Fitch é um bom exemplo, já que as lojas têm um cheiro específico sempre igual, não importando o país onde estiverem. No Brasil, algumas empresas utilizam esse mesmo conceito de ter sua própria essência característica, por exemplo, a marca Le Lis Blanc.

Paladar

O paladar tem uma influência de apenas 1% nos cinco sentidos, porém é um sentido poderoso e que pode ser desenvolvido infinitamente, pois as combinações são ilimitadas. Além disso, esse sentido se desenvolve com o decorrer do tempo e com o desenvolvimento das diferentes zonas da língua correspondentes aos sabores. O paladar é influenciado pela cultura de cada local. Por exemplo, um francês terá uma sensibilidade totalmente diferente de um brasileiro. Por esse motivo, várias multinacionais alteram as receitas de produtos alimentares, que são vendidos no mundo todo, ou até criam novas receitas para entrar em determinados mercados e agradar o paladar dos shoppers.

Tato

O tato também é um sentido importante para experiências neurológicas. Um dos segmentos que já explora o tato para incentivar as vendas é o de brinquedos. No passado, os brinquedos eram muito bem guardados pelos fabricantes, "contra" os consumidores, por conta das quebras e furtos, principalmente. Hoje, as indústrias entenderam que o incremento de vendas proporcionado pelos produtos abertos, que permitem a experimentação, é tal que compensa a quebra e o furto.

Como usar os cinco sentidos na prática?

Ativar os sentidos do shopper durante a jornada de compra é muito importante, pois estimula o cérebro e cria um vínculo, que podemos chamar de âncora neurológica, que detalharemos mais à frente. Os sentidos podem ser usados tanto em estratégias de *branding* quanto em trade marketing; quanto mais sentidos envolvidos, melhor, pois aumentam a lembrança das marcas. A Coca-Cola é um bom exemplo, pois conseguiu envolver os cinco sentidos:

- o olfato e o paladar, por ser um produto alimentar;
- a visão, com as cores marrom do produto e vermelha da identidade visual, que também são associadas à Coca-Cola;
- o tato, pela forma peculiar da garrafa associada à marca;
- a audição, com a música *Open hapiness* usada nas propagandas ou várias outras músicas que tradicionalmente aparecem em seus anúncios televisivos.

Contudo, em um ambiente extremamente competitivo para a conquista do shopper em favor de certa marca, é necessário mais do que apenas estimular os sentidos humanos no ponto de venda para se criar uma experiência de compra relevante para o shopper. São necessárias diversas técnicas integradas, conforme as mencionadas a seguir.

- *Ensinar o cliente a perceber valor da oferta.* O primeiro fator é ensinar o shopper e orientá-lo com instruções adequadas sobre as características e funcionamento dos produtos e serviços oferecidos na loja. Para isso, o vendedor no varejo deve ser treinado e capacitado, possuir materiais informativos sobre os produtos, entre outras possibilidades. Também é importante notar que os fabricantes podem contribuir com o varejo tanto na capacitação dos vendedores quanto no fornecimento de materiais informativos para serem distribuídos nas lojas.

- *Inspirando os shoppers na loja.* Para inspirar os shoppers na loja a comprar determinado produto, é importante que sejam sugeridas maneiras de utilizar esse produto e que ele seja bem apresentado aos clientes. Portanto, muitos dos materiais oferecidos pelos fabricantes, como *displays*, contribuem para uma boa exposição do produto no PDV.

- *Novas combinações dos produtos e cross shopping.* A exposição conjunta de produtos diferentes e complementares (*cross merchandising*) é recomendada para sugerir possíveis usos novos dos produtos oferecidos na loja. Também, a técnica de *cross shopping* pode ser realizada de maneira a oferecer diversas soluções de consumo em um mesmo local, combinando desde cafeterias em livraria ou vendas de cosméticos e acessórios em lojas de vestuário.

- *Oportunidades para experimentar produtos e serviços.* Não basta apenas uma loja permitir que seus clientes testem os produtos oferecidos. Para se criar a experiência de compra relevante para o shopper, é preciso *encorajá-lo* a testar e utilizar os produtos oferecidos nas lojas. Um bom exemplo é o comentário dos representantes de uma importante loja de móveis e utensílios domésticos na Europa (Backstrom e Johansson 2006:423):

> Em alguns locais é possível visualizar ainda áreas com os dizeres de "não toque". Queremos que nossos clientes en-

trem, testem e experimentem nossos produtos. Eles devem se sentir como se estivessem em suas casas.

Por fim, é importante destacar o papel das pesquisas com shoppers e consumidores, ou, como muitas empresas chamam, *consumer insights*, para definir estratégias com o objetivo de influenciar o shopper. Por exemplo, em 2012, a Kraft Foods (atual Mondelez), nos Estados Unidos, apresentou um caso interessante na Shopper Marketing Expo, uma das principais feiras de shopper marketing do mundo, que acontece em Chicago, nos Estados Unidos. A empresa identificou três tendências de comportamento do consumidor: cada vez mais estão cozinhando em casa; o sanduíche é presença constante nessas refeições em casa; e fazer um lanchinho, ou *snack*, está cada vez mais se tornando um hábito. Os dados indicam claramente que havia três plataformas de marketing a serem trabalhadas: *cooking, snacking* e *sandwich*. Aqui é que a integração ganha vida: para atender a cada plataforma, nasceram ações de marketing e shopper marketing. Para a plataforma *"cooking"*, a estratégia de marketing foi lançar produtos que inspirem e facilitem a vida de quem está preparando os pratos, como molhos e ingredientes fáceis de usar e muito gostosos. Além disso, a marca comprou o patrocínio de programas de culinária na TV e reformulou o *site* para oferecer receitas.

E como o time dedicado ao shopper usou esta descoberta (*insight*) para garantir a conversão no ambiente do ponto de venda? Acima de tudo, não usou na loja o que estava na TV ou na internet. O que a equipe da empresa fez foi oferecer uma solução para o shopper: criou áreas especiais de exposição para produtos para cozinhar nas lojas, onde o shopper encontra tudo de que precisa para atender ao motivo que o levou à loja. Segundo a apresentação, o crescimento em vendas foi considerável, comparando-se com as lojas do grupo de controle.

Este exemplo mostra que uma visão integrada gera resultados concretos. Quando cada elo da cadeia (neste caso marketing e

SHOPPER E CONSUMIDOR

shopper marketing) entende seu papel, a estratégia é preservada sem que as ações táticas tenham de se repetir em cada ponto de contato.

Afinal, integrar não quer dizer repetir, mas sim entender qual solução entregar em cada momento de interação com o consumidor ou shopper. Essa ação da empresa no PDV só foi possível porque houve colaboração da indústria com seus clientes, os varejistas, mostrando que colaboração entre áreas dentro da empresa, seus canais e o shopper é de fundamental importância para influenciar o consumidor no momento da compra em favor de determinada marca.

A aplicação do shopper marketing

A aplicação dos conceitos de shopper marketing é simples, mas não simplória. Vamos usar exemplos do setor de bens de consumo semiduráveis, como os de linha branca (geladeiras, fogões e fornos). Os *insights* adquiridos por meio de pesquisas no ponto de venda e muita observação do comportamento de compra permitem às empresas aplicar o conhecimento do comportamento do shopper para influenciar a jornada de compras (sequência de atividades relacionadas ao processo de compra) deles a favor de suas marcas. A área de trade marketing precisa reconhecer a importância dos vários momentos estudados pelo shopper marketing (antes, durante e depois do ponto de venda), mesmo que seu papel aconteça com maior destaque para o ambiente do ponto de venda. A seguir, é apresentado um exemplo para a categoria de eletrodomésticos e eletrônicos a partir de experiências dos autores deste livro no setor (D'Andrea, Consoli e Guissoni, 2011).

- *Preshop* (antes de sair para comprar). Fornecer informações do produto para o shopper é extremamente importante, principalmente para a categoria de eletrodomésticos e eletroeletrônicos. Segundo pesquisa para bens de consumo semiduráveis, o momento que chamamos de *preshop* que representa algo como "antes da loja" é decisivo, já que 91% dos shoppers compram o produto pesquisado e raramente mudam de ideia no ponto de venda se não houver uma promoção realmente "absurda". Como são bens de desembolso alto, os shoppers pesquisam mais sobre o produto e utilizam muito a web para isso. Os papéis do Google e do Reclame Aqui são fundamentais, juntamente com os *sites* de varejistas, que oferecem, muitas vezes, informações até mais detalhadas sobre o produto do que o próprio *site* dos fabricantes que, em geral, é mais orientado para o *branding* do que para o suporte na decisão de compra.

- *A hora certa para criar um destaque na loja.* O exemplo a seguir ilustra uma empresa fabricante de bens de consumo duráveis que investiu no conhecimento "acionável" (ou que pode ser facilmente influenciado) de shopper marketing. Ao notar que a maior parte dos shoppers olhava o interior das geladeiras em exposição, esse fabricante passou a colocar o material de ponto de venda dentro dos seus produtos; no caso, refrigeradores, fogões e outros produtos. Com essa medida, o investimento em materiais de comunicação foi mais bem aproveitado, pois passou a impactar mais os shoppers no momento crucial da decisão.

- *Facilitando a decisão.* Códigos tipo QR *code* podem ser encontrados em alguns produtos de maior desembolso das linhas branca e marrom (TV, vídeo e som). Quando lidos por *smartphones*, os códigos QR fornecem acesso a informações mais detalhadas sobre o produto e facilitam a comparação. Tudo isso enquanto se compra, quando o vendedor da loja não parece muito bem informado sobre os produtos. Aliás, a falta de informação apropriada por parte do vendedor da loja é responsável por 49% das ocasiões em que a experiência de compra é considerada ruim pelos shoppers.

- *Persuasão.* As marcas Brastemp e Consul, por exemplo, utilizaram materiais de ponto de venda que simulavam alimentos em suas geladeiras. A ideia era mostrar como eles seriam acondicionados nos compartimentos dos refrigeradores. Adesivos e impressos com imagem de ovos, verduras, garrafas, latinhas, frios, temperos etc. passavam a noção exata de como o equipamento ficaria quando estivesse cheio, facilitando a decisão dos shoppers ao vislumbrarem o resultado final em casa.

* * *

Neste capítulo, foram apresentados os elementos de shopper marketing necessários para que o planejamento de trade marketing vá além da orientação da área para o canal e inclua a orientação ao shopper a partir de metodologias que tratam do seu entendimento e estímulos que podem ser utilizados de acordo com os pilares do trade marketing mix apresentados no capítulo anterior.

O próximo capítulo aborda as tendências e perspectivas para a área de trade marketing, envolvendo temas que devem ser acompanhados pelos profissionais que estudam a área em suas empresas.

4
Tendências e perspectivas em trade marketing

Neste capítulo, são apresentadas algumas tendências e perspectivas em trade marketing para garantir a compreensão de oportunidades para as empresas de consumo e profissionais da área. O capítulo objetiva sensibilizar o leitor quanto ao impacto para o trade marketing a partir do conceito de *omnichannel*, o papel da tecnologia, mudanças na jornada de compras dos consumidores, mudanças específicas no ambiente de varejo no Brasil, mudanças nos consumidores e perspectivas de atuação na área.

Omnichannel: a jornada de compras do shopper e como a tecnologia influencia cada vez mais o trade marketing

O conceito de *omnichannel* aborda a integração entre canais *online*, como o *e-commerce*, e *offline*, como lojas físicas, pelas empresas durante a jornada de compras do consumidor (Verhoef, Kannan e Inman, 2015). O termo representa um avanço a partir dos estudos desenvolvidos sobre a gestão multicanal (Ailawadi e Farris, 2017), ou seja, o uso de diferentes canais para se comunicar com consumidores e vender produtos. De acordo com Neslin et al. (2006), principalmente a partir de 2000, a literatura tem buscado compreender os desafios e oportunidades em pesquisas acadêmicas que estudam a proliferação de canais oferecidos pelas empresas varejistas e que passam a ser utilizados pelos consumidores durante o processo de decisão de compra. No ambiente empresarial, a gestão multicanal tem acontecido desde antes de ser estudada pela literatura acadêmica, não sendo, assim, um fenômeno novo. Por exemplo, de acordo com Zhang et al. (2010), a rede de lojas de departamentos americana Sears tornou-se multicanal em 1925, quando abriu sua primeira loja para complementar o canal de vendas diretas por catálogo.

Contudo, foi observado que muitas empresas faziam a gestão de seus diversos canais de maneira separada (Verhoef, 2012), isto é, com pouca ou nenhuma integração entre eles. Considerando a proliferação de novos canais digitais, observou-se que os consumidores utilizavam diferentes canais para objetivos diferentes. Por exemplo, a loja física permitia o contato com o produto, o qual, muitas vezes, era comprado no canal *online* em lugar da loja. Esse processo passou a ser conhecido como *showrooming* e motivou o início das discussões sobre *omnichannel* por volta de 2013, com o artigo publicado pela *MIT Sloan Management Review* (Brynjolfsson, Hu e Rahman 2013), que aborda o foco na integração entre canais e experiência de compra do consumidor durante a jornada de compras.

Estudos iniciais sobre *omnichannel* (Brynjolfsson, Hu e Rahman, 2013; Verhoef, Kannan e Inman 2015; Ailawadi e Farris, 2017), enfatizaram que os avanços na tecnologia permitem a utilização de diferentes dispositivos (celulares, *smartphones*, *tablets*, computadores) e canais (*online*, *offline*) durante as etapas que compõem a jornada de compras do consumidor. Durante essa jornada, consumidores têm utilizado múltiplos pontos de contato em ocasiões e momentos específicos para descobrir sobre produtos e lojas, explorar suas características, comprar na loja *online* e retirar ou trocar produtos na física; para engajar-se com marcas e varejistas nas redes sociais, compartilhando sua opinião ou buscando opiniões de outros consumidores. Com isso, o termo *omnichannel* tem passado a ser utilizado com maior frequência pelo varejo. Ele representa o conjunto de atividades que acontecem a partir da interação entre empresa e consumidores nos mais variados pontos de contato ou canais de vendas, distribuição e comunicação durante a jornada de compras do consumidor (Verhoef, Kannan e Inman 2015).

Na perspectiva do *omnichannel*, o uso da tecnologia tem evoluído com a melhoria dos processos para coleta, organização e classificação dos dados (*data mining*) gerados a partir do contato do consumidor (ou shopper) com diferentes dispositivos e canais. Assim, tem desafiado o *status quo* da gestão de varejo, tradicionalmente baseada no julgamento dos executivos, e o suporte de apenas dados internos de loja para tomada de decisão que ofereciam pouco entendimento sobre o shopper.

O uso da tecnologia no contexto *omnichannel*

Kohl's, por exemplo, é uma rede de lojas de departamentos nos Estados Unidos que passou a utilizar um sistema chamado *smartphone targeting*. Quando os clientes entravam na loja e conectavam seus *smartphones* no *wi-fi*, o varejista passava a monitorar a localização do cliente na loja. Devido ao endereço IP, ele conseguia também monitorar algumas características da navegação dos clientes em *websites* durante o tempo em que estavam no ponto de venda. Assim, enviavam ofertas personalizadas para cada consumidor com o objetivo de aumentar a conversão de vendas (Guissoni, 2017).

O exemplo do Kohl's ilustra também o uso simultâneo de um ponto de contato *online* (*smartphone*) e *offline* na loja. A aplicação de níveis avançados de coleta e análise de dados entre diferentes pontos de contato, ou seja, em um contexto *omnichannel*, permite ao varejista alcançar uma consistência maior nas suas atividades desempenhadas durante a interação com consumidores. Para isso, em um primeiro momento, varejistas devem objetivar obter e organizar dados sobre a interação do consumidor com cada ponto de contato. Precisam considerar a combinação dos seus dados internos com dados externos, incluindo os dados individuais dos clientes. Em seguida, tentar aplicar modelos de análise específicos. Por exemplo, os chamados modelos de atribuição passaram a ser uma alternativa cada vez mais considerada no contexto *omnichannel*. Esses modelos estatísticos envolvem o uso de técnicas sofisticadas de análise de dados para alocar a importância (ou "peso") apropriado de uma ação do consumidor em relação a cada ponto de contato (*online* e *offline*) durante sua jornada de compras. Permitem, por exemplo, atribuir o peso de cada ponto de contato na conversão de vendas, orientando ações e recursos utilizados pelo varejista em cada canal.

Com o objetivo de viabilizar esses mecanismos, o uso de programas de fidelidade e sistemas de *customer relationship management* (CRM) que gerenciam processos de seleção, aquisição e retenção de clientes pode ser uma boa alternativa desde a coleta e organização dos dados até o uso dos dados para personalização de ações, customização e atribuição por ponto de contato. A rede de lojas de cosméticos Sephora é um bom exemplo em todos esses aspectos que integram iniciativas da capacidade analítica e do *omnichannel*. A varejista oferece aos consumidores seu aplicativo para *smartphones* (Sephora To Go) e um programa de fidelidade (Beauty Inside Reward). O aplicativo integra-se com sistemas de geolocalização, isto é, a tecnologia que utiliza o GPS para estabelecer localizações de dispositivos. Em termos práticos, a Sephora pode enviar mensagens de ofertas personalizadas aos membros de seu programa de fidelidade quando estão próximos das lojas e baseadas em suas preferências, histórico de compras e interação com a loja física ou virtual, gerando maiores taxas de conversão.

Um exemplo de gestão *omnichannel* por parte de empresas no Brasil é a Amaro, uma marca de moda feminina com forte atuação pelo *e-commerce*. Porém, ela percebeu a necessidade de diversificar seus canais (pontos de contato) com o uso da tecnologia associado a essa diversificação. Assim, a Amaro passou a reunir todos os canais e integrar suas operações – *online*, física, logística e atendimento ao consumidor. Suas lojas foram nomeadas como *guide shops* e nelas o consumidor pode experimentar produtos e conhecer as coleções oferecidas. Mas, se quiser comprar os produtos da marca no momento em que está na loja, deverá utilizar os computadores disponíveis nela, pois a loja não carrega estoque. Fora do ambiente da loja, o consumidor também encontra aplicativos para *tablets* e *smartphones*.

Além disso, a marca está presente em grande *marketplaces* de moda. A Amaro fez uma análise sobre quais eram seus clientes mais lucrativos e percebeu que eram aqueles que interagiam com mais de um canal da empresa. Ou seja, a Amaro reconhece a importância de integrar seus pontos de contato de acordo com o momento da jornada de compras do shopper para fazer a gestão *omnichannel*.

O exemplo foi apresentado por um executivo da empresa em evento promovido pelo Centro de Excelência em Varejo da Fundação Getulio Vargas (FGVcev: http://cev.fgv.br/nova_jornada_do_consumidor). A figura 15 ilustra uma imagem dos *guide shops* que refletem o uso da tecnologia e integração com demais canais da loja.

Por fim, é importante mencionar que os consumidores desejam uma experiência consistente entre os múltiplos pontos de contato durante suas interações com as empresas. O desenvolvimento da tecnologia pode identificar oportunidades para influenciar o shopper a trabalhar em colaboração, a partir da área de trade marketing dos fabricantes, que as indústrias de consumo e varejistas não encontrariam de outra maneira.

TRADE MARKETING

Figura 15
Exemplo de *omnichannel* – Amaro

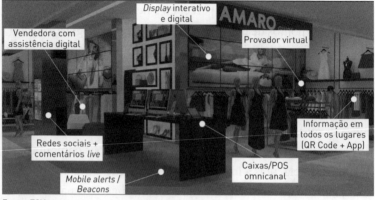

Fonte: FGVcev.

Omnichannel e o trade marketing

Considerando a tendência de fabricantes e varejistas buscarem desenvolver uma gestão *omnichannel*, os profissionais de trade marketing precisam identificar formas de apoiar as empresas na integração entre os pontos de contato e canais que utilizam o relacionamento do fabricante com varejistas e com o shopper. Uma alternativa é identificar possíveis sinergias entre diferentes canais *online* e *offline* em termos dos pilares do trade marketing. Por exemplo, a Nestlé tradicionalmente utiliza os pilares de sortimento, preço, promoção e visibilidade para estabelecer seu relacionamento com grandes e pequenos varejistas nos diversos mercados em que atua. Ao mesmo tempo, tem buscado aumentar as vendas via *e-commerce*, tanto por meio de varejistas tradicionais que passaram a vender via comércio eletrônico, como o GPA, quanto por meio de canais diretos, como o consumidor. Nesse sentido, em 2017, a Nestlé lançou no Brasil um clube de assinaturas para algumas cidades de São Paulo, vendendo direto ao consumidor e oferecendo frete grátis para entrega de leite

TENDÊNCIAS E PERSPECTIVAS EM TRADE MARKETING

Ninho a cada um ou dois meses (www.meioemensagem.com.br/home/ultimas-noticias/2017/12/12/ninho-cria-clube-de-assinatura--de-leite.html). Dessa forma, a empresa tem o desafio de integrar os canais seguindo premissas da gestão *omnichannel* e, ao planejar suas atividades relacionadas aos pilares de trade marketing, precisa contemplar possíveis conflitos e oportunidades a partir do uso de novos canais em que antes ela não operava, como o *e-commerce*. Por exemplo, como integrar a estratégia de sortimento, preço, promoção e visibilidade considerando canais tradicionais e novos? De que forma o relacionamento com os varejistas pode ser afetado? Quais os conflitos que podem surgir nas negociações das áreas comerciais e de trade marketing com varejistas e distribuidores considerando que a Nestlé também passa a vender alguns dos seus produtos via *e-commerce*? São exemplos de questões que, com a diversificação de canais dos fabricantes e varejistas, passam a ser relevantes para o bom desenvolvimento da área de trade marketing em um contexto de gestão *omnichannel*.

Mudanças no ambiente de negócios no varejo e autosserviço

De acordo com Lal, Alvarez e Greenberg (2014), o setor supermercadista e o varejo em geral têm passado por dramáticas transformações desde a expansão do formato de autosserviço até o uso de canais digitais, como o *e-commerce*, além das mudanças na maneira pela qual os consumidores desempenham as etapas do processo de compras, conforme abordado no item anterior sobre *omnichannel*. Desde a década de 1980, a expansão dos formatos conhecidos como super e hipermercados impulsionou diversas mudanças, já que lojas nesses formatos passaram a apresentar o conceito de *one-stop-shopping*, oferecendo itens alimentares, não alimentares e serviços auxiliares, conforme descrito no primeiro capítulo do livro. A partir de 2000, com o crescimento dos canais digitais, várias mudanças também puderam ser percebidas no varejo, uma vez que o consumidor passou a procurar informações *online* e, até mesmo, comprar produtos com o aumento das operações de *e-commerce* das empresas. Dessa forma, varejistas tradicionais, como o Walmart, passaram a também oferecer produtos por meio do seu *e-commerce*. Novos varejistas também surgiram e se fortaleceram priorizando o canal digital, como a Amazon (Lal, Alvarez e Greenberg, 2014). Assim, produtos que antes ficavam apenas nas lojas físicas para que o consumidor conseguisse comprar, passaram também a ser disponibilizados por meio dos *websites* dos varejistas. A partir do varejo, todas as organizações fornecedoras também são influenciadas por tais mudanças. Consequentemente, um desafio e tendência para a área de trade marketing é identificar formas para conseguir integrar as estratégias de sortimento, preço, promoção e visibilidade entre os canais de loja física e *online* dos varejistas.

Trade marketing digital

Tempos atrás, especificamente, em 2005, o então CEO da Procter & Gamble, A. G. Lafley, introduziu o conceito de "primeiro momento da verdade" como aquele em que um cliente está em frente à gôndola de uma loja decidindo se irá ou não comprar o produto que está sendo visto por ele. Conceitos como esse permitem fortalecer a área de trade marketing, pois tornam os canais com lojas físicas ainda mais importantes. Contudo, a internet e *sites* de *e-commerce* passaram a mudar essa regra e, então, o Google introduziu, em 2011, o conceito de "momento zero da verdade" como o momento em que os clientes estão buscando informações sobre os produtos antes de os verem nas lojas físicas, impulsionando também a conveniente compra em *sites* de *e-commerce*. Entre outros fatores, isso fez com que os profissionais de marketing devessem também observar os pilares de seu conceito para aplicar no relacionamento no ambiente digital, no qual não há a tradicional gôndola de supermercado e visibilidade no ponto de venda, o que afeta as decisões sobre produtos, comunicações e preços, por exemplo.

Contudo, como trade marketing é um assunto relativamente recente e *e-commerce* também, ainda há muitas oportunidades no sentido de integrar suas práticas para aplicar nesse canal virtual. Dessa forma, o que nós, autores deste livro, chamamos de trade marketing digital envolve as adaptações necessárias nos pilares da área para considerar as diferenças de estratégias quanto ao portfólio de produtos, políticas de preços, campanhas promocionais e comunicação que devem ser específicas ao *e-commerce*.

Portanto, é de fundamental importância entender o contexto da estratégia de canais da empresa, bem como entender a jornada de compras do shopper marketing em um ambiente multicanal (entre digital e físico), para manter-se como área competitiva e fortalecendo a consistência da marca, independentemente do canal em que ela é acessada pelo shopper.

Finalmente, em um ambiente no qual os canais digitais passam a ganhar destaque, com aumento das vendas feitas por meio de *e-commerce* em diversas categorias de produtos de consumo, o profissional de canais e de trade marketing deverá estar apto a integrar os programas de marketing feitos com as lojas físicas e aqueles que são feitos em redes de *e-commerce*, os quais, em alguns casos, pertencem ao mesmo grupo de empresas. Ademais, deverá buscar formas de compreender o efeito dos estímulos de marketing feitos nos canais digitais e nos canais físicos, como no ambiente de loja, para entender a interação entre eles e melhor alocar recursos, defender o orçamento da área e influenciar o shopper.

TRADE MARKETING

Trade marketing e relacionamento com pequenos varejistas independentes

Além do desafio da integração entre diferentes canais dos varejistas e a revolução digital abordada no item anterior, Venkatesan et al. (2015) apontaram desafios específicos para lidar com diferentes formatos varejistas, ou tipos de lojas físicas, no Brasil. Os autores apontaram que atividades comerciais e de marketing desempenhadas por fabricantes de marcas de consumo no varejo brasileiro são desafiadoras, pois os canais de distribuição variam mais em relação aos mercados maduros em termos de formatos e tipos de varejistas do que em mercados desenvolvidos com forte concentração do varejo, ou seja, elevada participação de poucos grupos varejistas com lojas parecidas entre si (Venkatesan et al., 2015). Especificamente, os fabricantes devem buscar adaptar os programas de marketing conforme características específicas de acordo com o tipo de varejista abordado, cientes de que algumas das atividades que funcionam bem em um canal ou tipo de varejista podem não ser igualmente favoráveis em outro formato de varejo.

Conforme abordado nos parágrafos anteriores, no Brasil, o varejo é ainda menos concentrado em relação a mercados maduros, como os da Europa e América do Norte. Isso significa que grande parte da participação das vendas no varejo é proveniente de varejistas independentes, muitas vezes formados por empresas familiares e com menores níveis de profissionalização. Ou seja, a área de trade marketing no Brasil precisa trabalhar com diferentes elementos de sortimento, preço, promoção e visibilidade para conseguir desenvolver o necessário relacionamento com o varejista, desde grandes grupos varejistas, como GPA, Carrefour e Walmart, até pequenos varejistas independentes, como padarias, mercearias e bares.

Ronildo Vaz apresentou outro estudo empírico sobre o assunto e apontou alguns cuidados na execução de projetos de trade marketing e gerenciamento por categorias no pequeno varejo alimentar. Após mudanças de sortimento e exposição de produtos na categoria de higiene pessoal em um pequeno supermercado, o autor verificou se tais mudanças ocasionaram variações positivas nas vendas, na margem e na percepção do shopper. Como conclusão do estudo, foi apontado que, apesar do aumento nas vendas e na margem dos produtos manipulados na pesquisa, não houve impacto na melhoria da percepção do shopper. Assim, profissionais de trade marketing devem ter cuidado ao selecionar o canal, ou formato varejista, mais adequado quando buscam melhorar os níveis de experiência do shopper no ponto de venda. Por exemplo, para a categoria de higiene pessoal, seria mais apropriada a colaboração entre indústria e varejo no canal composto por farmácias. Conforme indicado por Vaz, outro fator limitante para projetos com pequenos varejistas alimentares é a limitação de espaço na loja, o que dificulta testar, por exemplo, aumento de sortimento de uma categoria e também a realização de mudanças maiores na exposição de produtos, diferentemente do que ocorre nos grandes supermercados. O detalhamento do projeto realizado por Vaz durante o Programa de Mestrado Profissional em Gestão para a Competitividade na FGV, linha de pesquisa em varejo, pode ser encontrado em publicação da dissertação disponível na biblioteca digital da FGV (http://bibliotecadigital.fgv.br/dspace/handle/10438/24194).

Apesar da consolidação dos grandes varejistas modernos, os supermercados de vizinhança e as lojas tradicionais independentes, como mercearias e padarias, ainda são importantes. Acredita-se, inclusive, que esse canal continuará sendo de suma importância ainda por muitos anos no contexto da distribuição das marcas de consumo na América Latina e que irá se profissionalizar aos poucos, principalmente com o suporte de indústrias que promovem programas específicos para este formato. Fatores como localização conveniente, oferta de sortimento mais direcionado à preferência dos consumidores justamente pelo fato de o proprietário dessas lojas conseguir estabelecer um relacionamento mais próximo com seus clientes, e também o fato de fabricantes conseguirem boas margens nesse formato ajudam a explicar a importância que ainda terá esse canal. Em exemplo de atividade da área de trade marketing com pequenos varejistas, conforme descrito por Guissoni, Consoli e Rodrigues (2013), a Coca-Cola iniciou em 2008 um programa para estruturar seu processo de gerenciamento por categorias voltado para pequenos supermercados de vizinhança. O objetivo do projeto era estreitar seu relacionamento com esses varejistas e fazer uma execução melhor de suas marcas, principalmente novas categorias, como sucos, nesses pontos de vendas. A área comercial selecionava as lojas participantes, e a área de trade marketing fazia a análise do ponto de venda para propor um novo planograma de acordo com o entendimento do perfil do shopper da loja. Os resultados foram extremamente satisfatórios, e isso ajudou o fabricante a diminuir a dependência dos grandes varejistas, acessando um consumidor de mais baixa renda devido também à localização das lojas participantes do projeto.

Trade marketing teve um papel essencial nesse processo de gerenciamento por categorias no pequeno varejo, pois trabalhou com as áreas de marketing e comercial para propor mudanças nas lojas conforme as regras de execução do fabricante. Juntas, elaboraram materiais de ponto de venda específicos para clientes do programa, novos modelos de exposição de produtos e análise dos planogramas das lojas participantes e do shopper. Assim, com o projeto, houve melhoria dos pilares do trade marketing mix executados no canal composto por pequenos supermercados, nas vendas do fabricante e no relacionamento com o pequeno varejo.

O detalhamento do projeto pode ser encontrado em publicação da *Revista de Administração de Empresas* (RAE: http://rae.fgv.br/en/node/48087).

Marcas próprias

Steenkamp e Geyskens (2014) destacaram a relevância das marcas próprias dos varejistas e potenciais áreas de conflito e sinergias com marcas dos fabricantes. Assim, a área de trade marketing das indústrias precisa estar apta a lidar com uma tendência de expansão das marcas próprias dos varejistas, o que pode afetar a execução dos pilares da área. As marcas próprias são aquelas com produtos vendidos exclusivamente pela empresa varejista que detém a propriedade (registro) da marca. Alguns varejistas utilizam o próprio nome da empresa enquanto outros utilizam o nome de uma marca não associada. São exemplos as marcas Qualitá e Taeq, do Grupo Pão de Açúcar. O ambiente econômico menos favorável no Brasil por volta de 2014-15 impulsionou algumas mudanças no varejo. Por exemplo: como as marcas próprias apresentam, ainda, um preço relativo inferior aos produtos com marcas de fabricantes, elas apresentaram crescimentos expressivos em termos de aumento do número de compradores (aumento de penetração), frequência de compra, entre outros indicadores. Ou seja, mesmo que a participação das marcas próprias no varejo no Brasil seja inferior à de países com maior força (ou concentração) das empresas varejistas (Europa, por exemplo), o assunto voltou a ganhar destaque após um período turbulento na economia. Dessa forma, a área de trade marketing precisa considerar que muitas vezes vai propor mudanças no planograma das lojas, compra de espaços, incentivos ou uso de verbas comerciais para promover as marcas dos fabricantes em um ambiente de concorrência com a marca de varejistas, principalmente nas grandes redes de supermercados.

TRADE MARKETING

Profissionalização do varejo em shopper e trade marketing

Tem sido identificado que algumas empresas varejistas começaram a estruturar suas áreas de trade marketing utilizando a mesma nomenclatura da indústria. O crescimento da área foi considerável em empresas fabricantes de produtos de consumo conforme abordado neste livro. O problema é que, muitas vezes, a área de trade marketing do fabricante lidava com a área comercial do varejista ou, no caso de pequenos varejistas, com o funcionário que tinha responsabilidade de comprar produtos para a loja. Havia um choque cultural. Assim, varejistas como o GPA criaram suas áreas de trade marketing, porém com uma aplicação específica para o setor: trabalhar com a indústria (www.sm.com.br/detalhe/negocios/vantagens-do-trade-marketing-no-varejo). Em seguida, outros varejistas também criaram suas áreas de trade marketing para garantir que as ações com as indústrias fossem bem executadas (www.sm.com.br/detalhe/negocios/area-de-trade-marketing-turbina-vendas-de-supermercado).

Sendo assim, o profissional de trade marketing da indústria vai trabalhar cada vez mais com uma área varejista mais profissional para compreender os fundamentos de trade e shopper marketing e, assim, buscar uma efetiva colaboração com as indústrias.

Novos canais, aumento da competição e mudanças no processo de compras dos shoppers no varejo

Novos canais geram novas oportunidades e desafios para os fabricantes. Por exemplo: o canal composto por farmácias, ainda muito fragmentado, tem começado a dar sinais de concentração com crescimento de grandes grupos e, ainda, tem se transformado ao oferecer diversos produtos de perfumaria e cosméticos (Blessa,

2008). O chamado varejo virtual também mostra sinais de crescimento, com varejistas e alguns fabricantes oferecendo produtos em *sites* de *e-commerce* ou utilizando os meios digitais para estimular o shopper a preferir determinadas marcas e produtos.

Ao mesmo tempo, o mercado de consumo nos países considerados emergentes, como o Brasil, tem se tornado mais competitivo nas últimas décadas, com diversos fabricantes lançando produtos, fazendo fusões e aquisições para crescer nesse mercado, explorando novos canais e buscando formas inovadoras de motivar o consumidor a comprar e usar seus produtos. A competição também inclui o varejo desenvolvendo suas marcas próprias e concorrendo com muitos de seus fornecedores. Tem sido cada vez mais comum encontrarmos produtos de marcas próprias varejistas, conforme abordado neste capítulo, principalmente aqueles produtos de categorias com baixa diferenciação.

Por sua vez, o shopper passa a considerar outros tipos de pontos de contato na sua jornada de compras e uso de produtos, pois há um grande segmento de consumidores que estão entusiasmados em usar múltiplos canais durante o processo de compras (Shankar et al., 2011). Consumidores têm passado menos tempo no ponto de venda durante suas compras, comprando menos por impulso e, com a diminuição da lealdade às lojas, reforça-se a importância de as empresas de consumo atenderem a variados canais de distribuição.

A área de trade marketing também deverá, assim, segmentar os canais e as políticas por canal. Ou seja, terá de propor as regras de execução de mercado (REM) por tipo de varejista. Portanto, tudo isso resulta em uma crescente competição das marcas de consumo para ampliar a presença de seus produtos nos canais de distribuição, mais especificamente para que estejam presentes nas lojas varejistas importantes no contexto das categorias relacionadas com essas marcas. As gôndolas varejistas não são "elásticas", e o consumidor acessa, cada vez mais, diferentes canais para buscar

TRADE MARKETING

informações, selecionar alternativas, comprar e dar recomendações a outras pessoas. Assim, é de fundamental importância fazer bom uso de novas plataformas para integrar a experiência de compras do shopper em sua jornada de compras.

Um exemplo de mudança de modelos de negócios por conta da estratégia de canais tem sido observado no setor de higiene pessoal, perfumaria e cosméticos (HPPC) no Brasil, conforme apresentado no evento sobre trade e shopper marketing no setor de beleza, promovido pelo FGVcev (http://cev.fgv.br/node/323). O exemplo envolve a mudança na estratégia de canais e formação de áreas de trade marketing em empresas que tradicionalmente operavam com a venda direta (porta a porta), conforme descrito a seguir.

Em 1886, ao transformar uma situação de objeção de vendas em oportunidade de negócio, David H. McConnell, fundador da Avon, era um vendedor de livros porta a porta. Muitas pessoas, contudo, não queriam nem ouvir o que ele tinha a dizer. Assim, desenvolveu uma fragrância de rosas e prometeu dar como presente a quem ouvisse sua apresentação sobre os livros que comercializava. Ele notou que a fragrância fazia mais sucesso e, então, organizou uma força de vendas de mulheres para fazer a venda porta a porta de perfumes e cosméticos, ou seja, a venda por meio do contato pessoal entre vendedores e compradores, com uso de catálogos de apresentação de produtos e, portanto, fora de estabelecimentos comerciais fixos (lojas). Quando um consumidor compra o produto de um vendedor desse tipo, normalmente ele precisa aguardar alguns dias até que o produto chegue, pois o vendedor não possui estoque. Contudo, o ponto de venda na categoria de HPPC desempenha um importante papel com o shopper: possibilidade de retirada imediata e demonstrações (cosméticos, perfumes, entre outros). A concorrência tornou-se mais intensa em HPPC, já que o Brasil é o quarto maior mercado do mundo no setor. Empresas que tradicionalmente fazem a gestão de canais, como Unilever,

TENDÊNCIAS E PERSPECTIVAS EM TRADE MARKETING

ganharam participação de mercado enquanto algumas empresas que utilizam o modelo de vendas diretas, como Natura e Avon, têm perdido participação de mercado. Por causa da jornada de compras do shopper, elas têm reconhecido a importância de utilizar outros canais, além da venda direta, tendo diversificado seus modelos de acesso ao mercado no setor de produtos de higiene pessoal, perfumaria e cosméticos. Com o passar do tempo, alguns vendedores porta a porta passaram a formar suas lojas (pontos de venda). Assim, a Avon no Brasil apresentou recentemente uma área denominada trade marketing, para que a empresa aplicasse os conceitos da área em relação ao canal (lojas de perfumaria e cosméticos formadas por revendedores). A Natura também começou a desempenhar estratégias orientadas a esse "novo canal" no varejo. Leandro Guissoni e Rafael D'Andrea apresentaram, no evento citado do Centro de Excelência em Varejo sobre o setor de HPPC, a análise da experiência de compras do shopper em lojas de perfumaria formadas por vendedores que antes operavam somente porta a porta para acessar consumidores. A proposta do projeto realizado foi comparar a experiência de compras do shopper de um ponto de venda sem a execução de atividades de trade marketing da Avon e da Natura com a experiência de compras em um ponto de venda em que havia a influência do trade marketing para executar os pilares de sortimento, preço, visibilidade e promoção das mesmas empresas. A partir do uso de um questionário aplicado aos shoppers, os resultados comprovaram que as lojas com ativações feitas pela área de trade marketing obtiveram níveis de experiência de compras mais satisfatórios a partir da perspectiva dos shoppers. Portanto, quando há uma atuação da área de trade com materiais de ponto de vendas, como *displays*, além da ativação dos pilares do trade marketing mix, a experiência de compras do shopper é otimizada. A figura 16 ilustra as lojas visitadas.

Figura 16
Materiais de comunicação no ponto de venda
no setor de HPPC

Novos produtos: o papel de canais e do trade marketing

No setor de consumo, em geral é reportado um elevado índice de fracasso de novos produtos. A comunicação com o consumidor é importante, mas a estratégia de canais e de trade marketing tem papel decisivo no sucesso de novos produtos, pois formarão o elo entre o fabricante e o varejista. Por exemplo: por um lado, apesar da competição na categoria de produtos para cabelos ter mais de 3 mil marcas de xampus e condicionadores no Brasil, a Unilever divulgou ter lançado com sucesso a linha de produtos TRESemmé, em 2011. A chave para tal sucesso foi o ganho de relevância em grandes supermercados. Posteriormente, a marca usou essa relevância para conquistar a preferência de pequenos varejistas e ofertar a marca por meio de lojas menores, com espaços limi-

TENDÊNCIAS E PERSPECTIVAS EM TRADE MARKETING

tados. O alinhamento entre a estratégia da marca e os pilares do trade marketing mix foi fundamental. A marca soube trabalhar adequadamente a comunicação diferente para os vários públicos. Enquanto o produto prometia resultados de "salão" na comunicação com o consumidor, ele também prometia benefícios aos varejistas na categoria de cuidados com o cabelo.

Há várias situações no dia a dia da relação com o trade que exigem uma comunicação competente, pois muitas vezes o pleno sucesso de um produto depende do bom entendimento da mensagem que a indústria quer transmitir a seus clientes (no caso, o varejo). Lançamentos de novos produtos, comunicação de campanhas e promoções, orientações para uma melhor exposição dos produtos em loja são algumas das situações importantes em que a comunicação pode fazer toda a diferença. E, muitas vezes, a indústria não tem claro o que deve ou não ser dito ao trade e de que forma isso deve ser feito.

Um exemplo que chama a atenção são os anúncios que encontramos em revistas dirigidas ao canal (supermercadista) ou apresentações feitas pelas áreas de trade marketing e comercial para os varejistas. A linguagem, em muitos casos, é adaptada dos anúncios que são criados para os consumidores finais e focam em informações como características de produto e sabores ou versões. É importante frisar que o público-alvo de um anúncio de trade é composto essencialmente por compradores, gerentes de categoria e diretores de desenvolvimento de vendas, e o que eles querem mesmo saber é o quanto aquele produto pode contribuir para o crescimento do seu negócio e quais são as melhores formas de garantir esse sucesso.

Para orientar a criação de anúncios de trade de qualquer categoria, listamos as informações que não podem deixar de fazer parte de um bom anúncio no lançamento ou sustentação de um produto e que, junto com o *design,* deve ser simples o bastante para destacar

TRADE MARKETING

as informações sem confundir o varejista e, ao mesmo tempo, chamar sua atenção em meio a tantos outros numa mesma publicação, constituindo, portanto, garantia de uma comunicação eficiente:

- imagem dos produtos, códigos de barras, denominação e peso;
- ficha técnica do produto, principalmente caixas de embarque e quantidades por caixa;
- recomendação de planograma por formato de varejo;
- recomendação de preço (promocional e regular) ao consumidor;
- previsão/histórico de vendas;
- quanto o lançamento agregará para a categoria em margem adicional;
- diferenciais de produto;
- pesquisas de aceitação da marca;
- o que o lançamento representa como solução para o shopper e para o varejista;
- grade de mídia e ações promocionais previstas por região;
- imagens dos materiais de ponto de venda disponíveis para os diversos canais;
- contato comercial do fornecedor.

Os anúncios de trade são importantes, mas a relação com o cliente tem seu alicerce construído a partir da geração de confiança e respeito mútuos, que compõem a base do relacionamento. Quem quer realmente se comunicar com seu cliente deve manter um contato pessoal. Por exemplo, os anúncios de vagas na área, conforme o quadro 1 do primeiro capítulo, mostraram a demanda por profissionais com boa capacidade de comunicação. Assim, muitas vezes a área de trade marketing participará, em conjunto com a área comercial, de reuniões com o varejista para explicar a

Impactos para as indústrias e trade marketing

A partir de mudanças no ambiente do varejo e características específicas do Brasil apresentadas, é importante comentar que tais acontecimentos no varejo podem demandar revisão dos fluxos desempenhados pelos fabricantes junto aos canais e, consequentemente, no papel do trade marketing. Por exemplo: (1) fluxo de propriedade, relacionado com a distribuição física dos produtos nos canais selecionados pela empresa, pois passa a ser cada vez mais desafiador ganhar cobertura de mercado no varejo; (2) fluxo de promoções, envolvendo as comunicações feitas nos ambientes "dentro da loja" e "fora da loja", que devem ser integradas e consistentes a fim de que não sejam gerados problemas na proposta de valor oferecida pela empresa e percebida pelo mercado; (3) fluxo de negociação, envolvendo preços, prazos, controle de *markup*, de execução das marcas nos pontos de vendas em um ambiente de maior competição para acessar os varejistas, tendo a força de vendas das indústrias de negociar com a área de compras de grandes varejistas e, ao mesmo tempo, com donos de supermercados que possuem uma estrutura de compras mais informal, de responsabilidade da própria família que faz a gestão do negócio; (4) fluxo de serviços e relacionamento, pois a intensa competição levará os fabricantes a buscar se diferenciar mediante a proposta de serviços (e não somente de produtos como bens) aos varejistas, o que demanda da área de trade marketing a proposta de serviços com o objetivo de dar suporte aos varejistas no contexto do negócio deles.

Tudo isso faz com que os profissionais que trabalham em indústrias de consumo e no varejo devam estar preparados para enfrentar diversos desafios na gestão dos diferentes canais em um varejo em transformação, pois cada tipo ou formato de loja varejista pode responder de maneira diferente às decisões dos fabricantes e a seus planos de trade marketing.

Experiência de compra e engajamento do consumidor

O aumento da importância da experiência do consumidor é resultado de jornadas de compras mais complexas. O shopper faz a compra de determinado produto da empresa, o que cria uma experiência (Pansari e Kumar, 2017), definida como a "evolução das respostas sensoriais, afetivas, cognitivas, relacionais e comportamentais de uma pessoa a uma empresa ou marca ao passar pelos pontos de contato na jornada de compras" (Homburg, Jozić e Kuehnl, 2017:8). Lemon e Verhoef (2016) relacionam a abordagem da experiência de compras com o conceito de jornada de compras e identificam um modelo de acordo com os estágios de pré-compra, compra e pós-compra, bem como alguns pontos de contato: (1) *brand-owned*, ou seja, geridos pela empresa e sob o controle da marca, como *websites* da empresa e suas decisões dos 4Ps de marketing; (2) *partner-owned*, que são interações dos consumidores durante as experiências proporcionadas pela empresa em colaboração com seus canais e agências; (3) *customer-owned*, que se refere aos pontos de contato sobre os quais a empresa não tem controle ou influência, pois são produzidos e disseminados pelos consumidores, como suas avaliações de produtos e postagens nas redes sociais.

Apesar de a experiência do consumidor vir sendo contextualizada de acordo com sua jornada de compras por meio de múltiplos pontos de contato, ela não reflete as ações em direção à empresa (Pansari e Kumar, 2017). Assim, abordagens mais recentes do tema apresentam os conceitos e aplicações do engajamento do consumidor,

TENDÊNCIAS E PERSPECTIVAS EM TRADE MARKETING

principalmente no ambiente de novas tecnologias e canais digitais que geram mais poder aos consumidores como coprodutores ou destruidores de valor para as empresas (Kumar et al., 2010). A ideia do engajamento do consumidor envolve as manifestações dos consumidores para adicionarem (ou destruírem) valor para a empresa por meio de uma contribuição direta e/ou indireta. Contribuições diretas envolvem as transações feitas pelos consumidores; as indiretas consistem em incentivos para que os consumidores gerem referências a outros consumidores.

Assim, a área de trade marketing precisa trabalhar em colaboração com as áreas de shopper marketing, comercial e de marketing para contribuir com a abordagem do engajamento do consumidor, principalmente no tocante à participação do ponto de venda no processo de estimular a compra e recompra de produtos em favor de determinada marca.

Mudança do perfil dos consumidores e estrutura das famílias brasileiras

Algumas mudanças levam, por exemplo, ao aumento da importância de a área de trade marketing dos fabricantes trabalhar com os varejistas para, juntos, promoverem produtos de conveniência e, ainda, buscarem a diversificação de seus canais. Por exemplo:

- Em 2005, segundo o IBGE, a participação das mulheres no mercado de trabalho era de 43,5% e passou a ser de quase 50% em 2009. Isso indica que as mulheres passam mais tempo fora de casa e, dessa forma, demandam produtos alimentares mais práticos e convenientes.
- O percentual de casais sem filhos e de pessoas morando sozinhas tem aumentado. A quantidade de pessoas moran-

do sozinhas passou de 5,5% em 1999 para 12% em 2009, segundo o IBGE. As mudanças na estrutura das famílias refletem-se em muitos hábitos de consumo. Entre os impactos dessas mudanças, podem ser mencionados: as compras menores e mais frequentes em supermercados, padarias e outros pontos que vendem alimentos e, também, a procura por conveniência, destacando-se a redução do tempo gasto no preparo dos alimentos.

- O crescimento das cidades e a rotina agitada nos centros urbanos devido ao trânsito e à distância de locomoção das pessoas entre suas casas, trabalhos e escolas. Assim, a área de canais nas empresas, muitas vezes com a participação de trade marketing, tem percebido que não basta oferecer seus produtos por meio de pontos tradicionais, como supermercados e lojas de conveniência. Assim, começam a oferecê-los em canais que, muitas vezes, são chamados de *on the go*, como bancas de jornais e revistas, videolocadoras, rodoviárias, aeroportos, metrô, hospitais, cantinas de escolas, faculdades, *delivery* e assim por diante, para atender um consumidor que está cada vez mais "em trânsito".

Além disso, consumidores mais jovens já nasceram em um ambiente digital e é preciso considerar novos canais *online* para otimizar a experiência com a marca, conforme discutido no início do capítulo. A geração Y, ou *millenials*, por exemplo, agrupa pessoas que nasceram no início da década de 1980 até meados da década de 1990. As pessoas dessa geração são ainda consideradas imigrantes digitais, pois nasceram antes da disseminação da tecnologia digital (www.goldmansachs.com/our-thinking/pages/millennials/index. html). Já a geração Z é formada por pessoas que nasceram a partir de 2000 e são consideradas nativas digitais, pois já nasceram em um ambiente de tecnologia e utilizam a internet desde crianças. Dessa

TENDÊNCIAS E PERSPECTIVAS EM TRADE MARKETING

forma, o comportamento do consumidor de cada geração apresenta diferenças em termos da maneira pela qual buscam informações sobre produtos, critérios considerados importantes para compra e interação com as marcas. A área de trade marketing precisa compreender bem as características dos shoppers de cada geração para poder buscar trabalhar com distribuidores e varejistas conforme cada pilar da área ilustrado no livro. Como implicação, o processo de entendimento do perfil de lojas a partir das características do shopper é de fundamental importância para adequar os pilares de sortimento, preço, promoção e visibilidade, além de otimizar a integração entre estratégias dos canais *online* e *offline*.

Neuromarketing: entendendo a mente do shopper

Conforme abordado neste livro, é cada vez mais importante que profissionais de trade marketing trabalhem em colaboração com a área de shopper marketing para o entendimento do consumidor no momento da compra, pois assim poderão formular propostas de melhorias nos pilares do trade marketing mix. Entre as possibilidades para entendimento do consumidor, destacam-se as técnicas tradicionais de pesquisas de mercado *ad hoc*, painéis demográficos e psicográficos, além de abordagens exploratórias utilizando entrevistas e grupos de foco. Outra possibilidade que acadêmicos e executivos têm buscado como suporte no entendimento do consumidor compreende o uso de técnicas da neurociência, que começou a ganhar destaque a partir de 2002 e é uma perspectiva importante para o futuro da área (Fisher et al., 2010; Colaferro e Crescitelli, 2014). Observa-se que a neurociência está em pauta na agenda dos profissionais de trade e shopper marketing e tem sido abordada em grandes eventos mundiais de varejo, como a Shopper Marketing Expo, National Retail Federation Expo, entre outros.

TRADE MARKETING

A aplicação da neurociência em shopper marketing tem a vantagem de o foco ser na pessoa que compra o produto, permitindo mapear os momentos e oportunidades de persuasão do shopper durante a jornada de compras. O objetivo da neurociência é entender a mente, ou seja, como percebemos, nos movemos, pensamos e lembramos. Seu estudo descreve tanto a realização física do processo de informação que ocorre no sistema nervoso quanto sua capacidade de alterar o funcionamento do sistema motor e perceptivo conforme as mudanças no ambiente. De maneira resumida, o objetivo dos estudos realizados nesse campo é compreender a relação entre o funcionamento humano, o meio em que estamos inseridos e a forma como respondemos ou nos ajustamos a esses estímulos. A pesquisa em neurociência associa o método tradicional de pesquisa investigativa quantitativa e qualitativa com uso de questionários estruturados, imagens do cérebro geradas por ressonância magnética e o estudo das propriedades elétricas em células e tecidos que, na neurociência, inclui medidas das atividades elétricas de neurônios e, particularmente, da atividade ou potencial de ação, utilizando eletrodos para estimular e gravar a reação das células nervosas ou de áreas maiores do cérebro.

Popularmente, a aplicação da neurociência em marketing tem sido conhecida como neuromarketing. O termo descreve a associação das teorias da economia, psicologia e neurociência, na tentativa de entender melhor os mecanismos de tomada de decisão dos indivíduos, o meio em que estão inseridos e a forma como respondem ou se ajustam a esses estímulos (Lee, Broderick e Chamberlain, 2007). O neuromarketing tem duas grandes vantagens sobre os modelos tradicionais de pesquisa de marketing. A primeira é na geração de *insights* sobre comportamento de consumo e comportamento de compra. Com o uso de técnicas de pesquisa baseadas na neurociência herdadas da medicina, é possível reduzir o efeito do observador sobre o objeto do estudo, ou seja, reduz-se o risco sempre presente nas pesquisas tradicionais com consumidores, de que a pessoa pesquisada fale algo que não reflita seu comportamento verdadeiro (Lindstrom, 2008). Esse comportamento pode acontecer se a pessoa mentir ou simplesmente não tiver consciência do que faz (algo muito comum quando se faz análise de comportamento de shoppers, por exemplo).

A segunda vantagem do neuromarketing é na criação do *design* da mensagem e decisão dos meios e pontos de contato com a audiência, em especial com os shoppers no momento da compra. No capítulo 3, foi abordada a relação entre trade marketing e as atividades de merchandising no ponto de venda e atmosfera de loja para ativar estímulos sensoriais e influenciar o shopper. De acordo com Gobé (2009), em seu livro *Emotional branding*, as experiências sensoriais são imediatas, inconscientes e têm o poder de mudar nosso comportamento de forma drástica. Mas, de forma geral, profissionais de *branding* e shopper marketing não têm o costume de explorá-las para aumentar a conversão de shoppers no ponto de venda. O trabalho em conjunto com a área de trade marketing e de shopper marketing pode ser um facilitador nesse processo.

Nesse ponto, o neuromarketing utiliza conhecimentos da neurolinguística para tentar influenciar os consumidores e shoppers em vários níveis, conscientes e inconscientes, racionais e emocionais, tocando fundo em crenças, valores e na própria noção de identidade pessoal associada à identidade da marca. O reenquadramento da conversa com o público nos diversos pontos de contato da marca, seja nos canais de vendas ou no meio digital, constitui uma importante fonte de renovação e aprendizado. Ao "ouvir a mente" do shopper, a empresa entende seu coração. Isso é uma vantagem competitiva para quem souber usar as emoções em shopper marketing.

A área de trade marketing, com isso, poderá utilizar as descobertas feitas com o uso das técnicas da neurociência aplicadas ao shopper marketing para propor estímulos de sortimento, preço, visibilidade e promoção para influenciar o shopper no ponto de venda. Espera-se que o profissional de trade marketing conheça as possibilidades para seu potencial uso, mas não é necessário ter domínio das técnicas de pesquisa com uso da neurociência, ficando tal movimento a cargo da área de shopper marketing. A seguir, são apresentadas algumas perspectivas sobre a atuação do profissional de trade marketing, incluindo suas tarefas, responsabilidades, níveis salariais, relacionamentos com outras áreas da empresa e diversos outros aspectos fundamentais para compreender sua atuação.

Perspectivas sobre a atuação e a remuneração do profissional de trade marketing

Conforme abordado neste livro, principalmente a partir de 2000 a aplicação do trade marketing ganhou relevância, tendo o varejo, até então considerado apenas "ponto de distribuição", alcançado o papel de canal de comunicação de marcas, um espaço de experiência do shopper e, sobretudo, um cliente para a indústria. Assim, com o aumento da demanda por profissionais que atuam em trade marketing e o consequente aumento da oferta de vagas à medida que as empresas ajustam suas estruturas organizacionais para compor áreas de trade e shopper marketing, é importante entender quais as perspectivas para os profissionais e para a área de trade marketing. Para responder à questão, especificamente, no contexto do Brasil, os autores deste livro conduziram, por meio de um instituto de pesquisa no setor, uma investigação com 275 profissionais de trade marketing do país que ocupam diferentes cargos na indústria, no varejo e em empresas prestadoras de serviços – de analistas, coordenadores e gerentes de trade aos executivos de ativação, analistas de produtos, diretores e presidentes. Entre os aspectos levantados, o material reúne questões sobre a estrutura do departamento de trade marketing nas empresas e como se dá o relacionamento com as demais áreas do negócio e com os fornecedores. A pesquisa foi apresentada em evento promovido pelo Centro de Excelência em Varejo, na Escola de Administração de Empresas (FGV Eaesp), e seu conteúdo pode ser acessado pelo seguinte *website*: <http://cev. fgv.br/node/320>.

Entre alguns resultados, verificou-se que para 60% dos profissionais participantes da pesquisa os investimentos estão concentrados nas áreas de marketing e vendas, sendo, em média, até 10% da verba dedicados exclusivamente a trade marketing. Descobriu-se também que a maioria aloca a verba de trade marketing em execução do ponto de venda (PDV), seguido de perto por ativações e eventos. Curiosamente, apesar da execução de ponto de venda ser o principal investimento da verba na área, 31% dos respondentes dizem que a área não é a responsável pela produção e logística dos materiais. Quando o assunto é shopper marketing, ainda não aparecem profissionais que atuem com foco nessa estratégia – 40% dos profissionais não investem e 20% assumem não saber dizer se o que fazem pode ser considerado shopper marketing.

A seguir, são descritos os resultados específicos da pesquisa, para um melhor entendimento pela perspectiva de quem participa do trade marketing no Brasil.

- Pesquisa com questionário eletrônico enviado para uma base de 10 mil profissionais, com um retorno de 275 respostas válidas entre 2014 e 2015.
- Dos respondentes, 60% atuam na indústria e 40% em empresas de serviços e varejo. Entre os profissionais que mencionaram a empresa em que atuam, algumas delas são: Mondelez International, Lorenzetti, Telefônica Vivo, Souza Cruz e BRF. Gerentes e diretores de trade marketing repre-

sentam 35% da amostra; o restante é composto por analistas e coordenadores, sendo que a maioria tem experiência em trade entre cinco e 10 anos.

- A maior parte da amostra foi composta por profissionais com formação e experiência anterior em marketing. Assim, os profissionais de trade marketing que responderam à pesquisa e possuem como área de formação o marketing representaram 58% da amostra, seguida por comunicação social (24%) e administração (12%). Entre as possíveis formas de ingresso de trade marketing na empresa em que o respondente atua, a maior parte teve início na área de marketing (51% dos profissionais) e depois foi trabalhar em trade marketing; 30% iniciaram na área de vendas e apenas 10% entraram diretamente para trabalhar na área de trade marketing.

- Sobre a faixa salarial, 69% dos respondentes ganham entre R$ 5.000 e R$ 12.500 por mês. Em seguida, 26% dos respondentes declararam ganhar entre R$ 2.500 e R$ 5.000. Apenas 4% mencionaram ganhar acima de R$ 12.500.

- O interessante é que 56% mencionaram que a área de trade marketing na empresa em que trabalham faz parte do organograma sob gestão da área de marketing, enquanto 44% estão subordinados à área de vendas. Pesquisas em momentos anteriores mostravam que, no Brasil, a área de trade marketing estava, na maioria dos casos, subordinada a vendas. Portanto, nota-se um possível posicionamento de marketing para que a área fique sob sua gestão. Acredita-se que, com o tempo, haja condições de migrar para uma área de canais mais estratégica, conforme já mencionado neste livro.

- No entanto, comparado com outras áreas e levando em consideração que muitas empresas terceirizam equipes de merchandising, a maioria dos respondentes declarou haver de duas a três pessoas trabalhando na área de trade marketing em suas empresas (26%). Por exemplo, 67% declararam que as equipes de promotores são terceirizadas.

- Provavelmente devido à influência do organograma (sob marketing), a maior parte dos profissionais de trade marketing realiza a gestão dos clientes por categoria (produtos). A gestão por tipo de canal ainda não é representativa, com participação menor do que a gestão por regiões.

- Sobre o orçamento, os profissionais de trade marketing que responderam à pesquisa declararam que as verbas anuais de marketing, trade e vendas juntas se situam entre 3% e 5% do faturamento da empresa (45%). Outros 20% declaram que fica entre 5% e 10%. Contudo, a área de vendas é que fica com 50% do orçamento e trade marketing recebe 10%, ficando a diferença para a área de marketing.

- Na área de trade marketing, a maior parte da alocação da verba é em execução de ponto de venda (70%), mas o que chama a atenção é que a maior parte dos respondentes também apontou que a empresa não investe em estratégias de shopper marketing.

- Uma grande responsabilidade da área de trade marketing, de acordo com a pesquisa, é a produção e logística de material de ponto de venda.

- Sobre o controle da execução, a pesquisa apontou o resultado de que o método mais utilizado envolve auditoria com equipe própria. A análise fotográfica também apareceu com destaque.

- Em relação ao uso do guia de execução para refletir as regras de execução da empresa, conforme explicado anteriormente neste livro (no plano de trade marketing), a pesquisa revelou que 42% das empresas o utilizam. Mas ainda é uma oportunidade, pois, 58% não o fazem. O desenvolvimento e a organização, para as equipes de campo, das regras de execução das marcas são de fundamental importância. Trata-se, sobretudo, de um papel que tem de ser liderado pelo trade marketing e uma atividade que teria de ser básica para a área. Isso mostra que, apesar das diversas tendências e expectativas de a área se tornar mais estratégica nas estruturas das empresas, ainda há elementos básicos que devem ser feitos para integrar melhor seu papel com o marketing e a área comercial nas empresas.

Conclusões da pesquisa mencionada sobre a atuação do profissional de trade marketing

Apesar da crescente importância nos últimos anos conferida à área de trade marketing das empresas, ela conta com baixa média de funcionários (de apenas dois ou três considerando a amostra da pesquisa) e a maioria (63%) possui entre cinco e 10 anos de experiência.

No organograma, percebe-se que 56% da área de trade integram o marketing das empresas e os outros 44% estao sob gestão da área de vendas. Assim, a maior parte dos profissionais de trade marketing realiza a gestão dos clientes por categoria (produtos), e não por tipo de canal, indicando uma cultura adquirida no departamento de marketing.

Grandes multinacionais da indústria alimentar e de higiene pessoal são citadas como referência em execução no ponto de venda (PDV). E todas têm em comum o grande número de promotores atuantes. Porém, tratando-se da satisfação com esse perfil de fornecedor, a média mostra-se baixa. Apenas 5% avaliam com notas máximas seus fornecedores para a demanda de promotores de PDV.

Sobre a gestão de desempenho da área, apenas 15% dos respondentes disseram utilizar algum tipo de ferramenta de inteligência de trade marketing na empresa em que atuam, independentemente

TENDÊNCIAS E PERSPECTIVAS EM TRADE MARKETING

do porte, o que indica baixa correlação entre porte e investimento em pesquisa na área. As ferramentas mais utilizadas são a análise de preço, coleta de dados com promotores e *market share*. Já quando o tema pesquisado é gerenciamento de categorias (GC), 20% dos participantes da pesquisa disseram que a empresa em que atuam trabalha com GC, sendo 7% na forma de um departamento exclusivo para a área. Por fim, destaca-se a importância do acompanhamento da evolução da área. A pesquisa confirmou sua importância para empresas de bens de consumo e papéis variados, mas que invariavelmente estavam relacionados com o conceito de trade marketing mix e de shopper marketing descritos neste livro.

* * *

Neste capítulo, destacamos temas que os profissionais de trade marketing devem acompanhar ao longo do tempo, pois geram impactos no escopo da área, como o papel que deles se espera no contexto da organização. A influência da tecnologia nas empresas de consumo e nos consumidores e o conhecimento sobre o conceito de *omnichannel* foram destacados logo no início do capítulo, em virtude de ser este um novo conceito para a área e de sua rápida adesão para as práticas de gestão por parte de empresas de consumo (indústria e varejo). Ao final, apresentamos uma pesquisa que descreve a atuação do profissional de trade marketing a partir de pessoas que trabalham na área.

Conclusão

O fortalecimento do varejo trouxe diversas mudanças no marketing aplicado a bens de consumo. Uma delas foi a criação, por parte das empresas fabricantes (indústrias), da área de trade marketing, com o objetivo de promover a orientação do fabricante no relacionamento com seus canais de distribuição. Com o passar do tempo, a área foi ganhando maturidade, sendo importante estudar os métodos de planejamento, execução e controle associados para seu bom funcionamento na estrutura das empresas. Neste livro, abordamos os conhecimentos necessários para que o leitor compreenda o escopo da área e o que fazem os profissionais de trade marketing nas empresas em termos de tarefas e responsabilidades. Esperamos que o leitor tenha reconhecido sua importância, bem como o desafio de que a área se posicione, cada vez mais, integrada com as decisões de canais da empresa (perspectiva estratégica do trade marketing) e de execução (perspectivas tática e operacional do trade marketing), trabalhando em conjunto com as áreas de marketing, comercial e, mais recentemente, de shopper marketing.

No primeiro capítulo, foram vistos os principais conceitos e surgimento da área de trade marketing. A leitura do capítulo 1 deve ter levado o leitor a perceber as relações entre os conceitos de trade marketing, merchandising e do marketing voltado para o consumidor final. A importância do trade marketing para o *sell in* (venda ao canal) e *sell out* (venda ao consumidor) também é um aspecto a ser compreendido no capítulo. Além disso, contextualizou o leitor em termos de como a área se integra na estrutura organizacional das empresas, podendo ser ligada diretamente à área de marketing, comercial ou ser uma área independente.

Após o enfoque na compreensão dos fundamentos apresentados no primeiro capítulo, o capítulo 2 teve como objetivo apresentar métodos e ferramentas que podem ser aplicados na área de trade marketing. O leitor deve compreender o que integra os elementos do trade marketing mix desde as atividades de planejamento de trade marketing, sua execução, avaliações de resultados e revisões para melhorias em termos de sortimento, preço, visibilidade e promoção. Na área, há uma preocupação com o controle de resultados e, por isso, o capítulo aborda uma metodologia implementada em diversas empresas com o cálculo de métricas operacionais e financeiras, como o ROI de trade marketing. É interessante que o leitor compreenda como calcular essas métricas prioritárias apresentadas no capítulo.

Em seguida, o capítulo 3 aborda um conceito que surgiu depois da aplicação do trade marketing, que envolve o entendimento do shopper para gerar descobertas sobre como influenciá-lo nos diversos momentos que compõem a jornada de compra antes, durante e depois da visita ao ponto de venda. O capítulo aprofunda estímulos de marketing que possam ser feitos no ambiente do ponto de venda e, portanto, implicam um mais amplo papel do trade marketing envolvendo os fatores sensoriais relacionados aos cinco sentidos humanos: visão, audição, olfato, tato e paladar. A partir de um exemplo no setor de eletrodomésticos ao final do capítulo, o leitor pôde refletir sobre o uso do entendimento do shopper no contexto do trade marketing.

O quarto e último capítulo apresenta tendências e perspectivas para a área de trade marketing. Buscamos também abordar as

CONCLUSÃO

perspectivas para a atuação dos profissionais de trade marketing e que podem ser úteis para que o leitor tenha uma visão crítica e contribua no desenvolvimento da área. Espera-se que o leitor tenha compreendido o conceito de *omnichannel*, que implica a integração de todos os pontos de contato da empresa, seja de distribuição de produtos ou de comunicação, na jornada do shopper. Algumas especificidades do ambiente de varejo no Brasil, como a importância dos varejistas independentes, também foram abordadas e exemplificadas, pois o trade marketing deve estar apto a lidar não somente com grandes redes varejistas, mas também com varejistas menores e que são importantes no mercado brasileiro. Um relevante aspecto apresentado no capítulo compreendeu o conceito de engajamento do consumidor, uma nova perspectiva com a qual as empresas têm trabalhado além da experiência de compra. Assim, a atividade de trade marketing deverá contribuir para que a empresa capture valor a partir do relacionamento com o canal e com o consumidor no momento da compra. Ao final, apresentamos uma pesquisa recente, com uma amostra de 275 profissionais de trade marketing. Esperamos que o leitor tenha compreendido o que faz um profissional de trade marketing e as oportunidades para atuação na área.

Por fim, esperamos que o livro contribua para que o leitor adquira uma visão ampla da área de trade marketing a partir de fundamentos, exemplos de aplicação e ferramentas que podem ser utilizadas nas empresas que lidam com intermediários que distribuem seus produtos para uso e consumo.

Referências

AILAWADI, K. L.; FARRIS, P. W. Managing multi and omni-channel distribution: metrics and research directions. *Journal of Retailing*, v. 93, n. 1, p. 120-135, 2017.

ALEXANDER, N.; SILVA, M. Emerging markets and the internationalization of retailing: the Brazilian experience. *International Journal of Retail & Distribution Management*, v. 30, n. 6, 2002.

ALVAREZ, F. J. S. M. *A aplicação dos conceitos de trade marketing nas empresas de produtos alimentícios de consumo*: um estudo exploratório. Dissertação (mestrado) – Departamento de Administração, Faculdade de Economia, Administração e Contabilidade, USP, São Paulo, 1999.

_____. *Trade marketing*: a conquista do consumidor no ponto de venda. São Paulo: Saraiva, 2008.

AMERICAN MARKETING ASSOCIATION (AMA). *Definition of marketing*. Chicago, IL: AMA, 2013. Disponível em: <www.ama.org/AboutAMA/Pages/Definition-of-Marketing.aspx>. Acesso em: 20 jul. 2017.

BACKSTROM, K.; JOHANSSON, U. Creating and consuming experiences in retail store environments: comparing retailer and consumer perspectives. *Journal of Retailing and Customer Services*, n. 13, p. 417-430, 2006.

BELL, D. R.; CORSTEN D.; KNOX, G. *Unplanned category purchase incidence*: who does it, how often, and why. Filadélfia, PA: Wharton School, University of Pennsylvania, 2009. Working paper. Disponível em: <http://knowledge.wharton.upenn.edu/papers/1357.pdf>. Acesso em: jun. 2017.

_____; _____; _____. From point of purchase to path to purchase: how preshopping factors drive unplanned buying. *Journal of Marketing*, n. 75, p. 31-45, jan. 2011.

_____; GALLINO, S.; MORENO, A. How to win in an omnichannel world. *MIT Sloan Management Review*, v. 56, n. 1, 2014.

BLESSA, R. *Merchandising farma*: a farmácia do futuro. São Paulo: Cengage CTP, 2008.

BONCHEK, M.; FRANCE, C. Marketing can no longer rely on the funnel. *Harvard Business Review*, 7 maio 2014.

BRYNJOLFSSON, Y.; HU, Y. J.; RAHMAN, M. S. Competing in the age of omnichannel retailing. *MIT Sloan Management Review*, v. 54, n. 4, 2013.

CARVALHO, J. L. G. de; CAMPOMAR, M. C. Multichannel at retail and omni-channel: challenges for marketing and logistics. *Business and Management Review*, v. 4, n. 3, p. 103-113, 2014.

CASTILLO, J. D. *Trade marketing*: un concepto imprescindible en la interacción fabricante-distribuidor. Madri: Esic, 2000.

COLAFERRO, C. A.; CRESCITELLI, E. A contribuição do neuromarketing para o estudo do comportamento do consumidor. *Brazilian Business Review*, v. 11, n. 3, p. 130-153, 2014.

CORSTJENS, J.; CORSTJENS, M. *La batalla en el punto de venta*: tacticas para distribuidores y fabricantes. Madri: Deusto, 1996.

COSTA, A. R.; CRESCITELLI, E. *Marketing promocional para mercados competitivos*. 3 reimp. São Paulo: Atlas, 2007.

COUGHLAN, A. T. et al. *Marketing channels*. 7. ed. Upper Saddle River, NJ: Prentice Hall, 2006.

COURT, D. et al. The consumer decision journey. *McKinsey Quarterly*, jun. 2009.

REFERÊNCIAS

D'ANDREA, R.; CONSOLI, M. A.; GUISSONI, L. A. *Shopper marketing*: a nova estratégia integrada de marketing para a conquista do cliente no ponto de venda. São Paulo: Atlas, 2011.

DAVIES, G. Marketing to retailers: a battle for distribution? *Long Range Planning*. v. 23, n. 6, 1990.

EDELMAN, D.; SINGER, M. Competing on customer journeys. *Harvard Business Review*, v. 93, n. 11, p. 88-100, nov. 2015.

ERTHAL, D. S. *Marcas próprias*: um estudo dos mercados supermercadistas francês e brasileiro. Dissertação (mestrado) – Programa de Pós-Graduação em Administração, PUC-Rio, Rio de Janeiro, 2007.

FARIAS, S. A. Store atmospherics and experiential marketing: a conceptual framework and research propositions for an extraordinary customer experience. In: ENCONTRO DE MARKETING, IV., 2010, Florianópolis. *Anais...* Rio de Janeiro: Anpad, 2010.

FISHER, C. E. et al. Defining neuromarketing: practices and professional challenges. *Harvard Review Psychiatry Perspectives*, v. 18, n. 4, p. 230-237, jul./ago. 2010.

GEORGE, M.; FREELING, A. N.; COURT, D. Reinventing the marketing organization. *The McKinsey Quarterly*, n. 4, p. 43-62, 1994.

GIMPEL, J. L. *Administração de empresas varejistas no Brasil*. São Paulo: Atlas, 1980.

GOBÉ, M. *Brandjam*: o design emocional na humanização das marcas. Rio de Janeiro: Rocco, 2007.

_____. *Emotional branding*: the new paradigm for connecting brands to people. Nova York: Allworth Press, 2009.

GUISSONI, L. A. Omnichannel: uma gestão integrada. *GV-Executivo*, v. 16, n. 1, p. 25-27, 2017.

_____; CONSOLI, M. A.; RODRIGUES, J. M. Is category management in small supermarkets worth the effort?. *Revista de Administração de Empresas* (RAE), v. 53, n. 6, p. 592-603, nov./dez. 2013.

_____; NEVES, M. F. *Métricas para comunicação de marketing*. 2. ed. São Paulo: Atlas, 2015.

HOFFMAN, K. D.; TURLEY, L. W. Atmospherics, service encounters and consumer decision making: an integrative perspective. *Journal of Marketing Theory and Practice*, v. 10, p. 33-47, 2002.

HOMBURG, C.; JOZIĆ, D.; KUEHNL, C. Customer experience management: toward implementing an evolving marketing concept. *Journal of Academy of Marketing Science*, v. 45, n. 3, p. 377-401, 2017.

KNOKE, W. O supermercado no Brasil e nos Estados Unidos: confrontos e contrastes. *Revista de Administração de Empresas* (RAE), v. 3, n. 9, 1963.

KUMAR, V. et al. Undervalued or overvalued customers: capturing total customer engagement value. *Journal of Service Research*, v. 13, n. 3, p. 297-310, 2010.

LAL, R.; ALVAREZ, J.; GREENBERG, D. *Retail revolution*. Boston: Harvard Business School, 2014.

LEE, N.; BRODERICK, A. J.; CHAMBERLAIN, L. What is "neuromarketing"? A discussion and agenda for future research. *International Journal of Psychophysiology*, n. 63, p. 199-204, 2007.

LEMON, K.; VERHOEF, P. Understanding customer experience throughout the customer journey. *Journal of Marketing*, v. 80, n. 6, p. 69-96, 2016.

LINDSTROM, M. *Buyology*: truth and lies about why we buy. Nova York: Doubleday, 2008.

_____. *Brand washed*: tricks companies use to manipulate our minds and persuade us to buy. Nova York: Crown Business, 2011.

MCCARTHY E. J. *Basic marketing*: a managerial approach. Homewood, IL: Richard D. Irwin, 1960.

MELLO, B. Como promover a mudança de consumo. *Exame*, 10 out. 2010. Disponível em: <http://exame.abril.com.br/marketing/noticias/como-promover-mudanca-consumo-596639>. Acesso em: jun. 2017.

REFERÊNCIAS

MOTTA, R.; SANTOS, N.; SERRALVO, F. *Trade marketing*: teoria e prática para gerenciar os canais de distribuição. São Paulo: Campus, 2008.

NESLIN, S. A.; SHANKAR, V. Key issues in multichannel customer management: current knowledge and future directions. *Journal of Interactive Marketing*, n. 23, p. 70-81, 2009.

_____ et al. Challenges and opportunities in multichannel customer management. *Journal of Service Research*, v. 9, n. 2, p. 95-112, 2006.

OLVER, J. M.; FARRIS, P. F. Push and pull: a one-two punch for packaged goods. *Sloan Management Review*, v. 31, n. 1, 1989.

PANSARI, A.; KUMAR, V. Customer engagement: the construct, antecedents, and consequences. *Journal of Academy of Marketing Science*, v. 45, n. 3, p. 294-311, 2017.

PRADEEP, A. K. *The buying brain*: secrets for selling to the subconscious mind. Hoboken, NJ: Wiley, 2010.

RANDALL, G. *Trade marketing strategies*. Londres: BH, 1994a.

_____. *Trade marketing strategies*: the partnership between manufacturers, brands and retailers. 2. ed. Oxford: Butterworth-Heinemann, 1994b.

SHANKAR, V. et al. Innovations in shopper marketing: current insights and future research issues. *Journal of Retailing*, v. 87, n. 1, p. 29-42, 2011.

SORENSEN, H. *Inside the mind of the shopper*: the science of retailing. Cranbury, NJ: Pearson Education, 2009.

STEENKAMP, J. E. M.; GEYSKENS, I. Manufacturer and retailer strategies to impact store brand share: global integration, local adaptation, and worldwide learning. *Marketing Science*, v. 33, n. 1, p. 6-26, 2014.

UNDERHILL, P. *Why we buy*: the science of shopping. Nova York: Simon and Schuster, 2000.

VENKATESAN, R. et al. Consumer brand marketing through full and self-service channels in an emerging economy. *Journal of Retailing*, n. 91, p. 644-659, 2015.

VERHOEF, P. C. Multi-channel customer management strategy. In: SHANKAR V.; CARPENTER G. (Ed.). *Handbook of marketing strategy*. Cheltenham: Edward Elgar, 2012.

_____; KANNAN, P. K.; INMAN, J. J. From multi-channel retailing to omni-channel retailing: introduction to the special issue on multi-channel retailing. *Journal of Retailing*, v. 91, n. 2, p. 174-181, 2015.

WEBSTER, JR., F. E. The changing role of marketing in the corporation. *Journal of Marketing*, v. 56, n. 4, p. 1-17, out. 1992.

ZHANG, J. et al. Crafting integrated multichannel retailing strategies. *Journal of Interactive Marketing*, n. 24, p. 168-180, 2010.

Autores

Leandro Angotti Guissoni
Doutor e mestre em administração pela Faculdade de Economia, Administração e Contabilidade de Ribeirão Preto da Universidade de São Paulo (FEA-RP/USP), com período na University of Virginia e na University of California. Iniciou sua carreira na área de trade marketing na Coca-Cola. Professor de carreira da Escola de Administração de Empresas de São Paulo da Fundação Getulio Vargas (FGV Eaesp) com prêmios de docência anualmente desde 2013. Professor convidado do FGV Management. Professor visitante na Darden School of Business e na Harvard Business School. Autor de artigos em periódicos como o *Journal of Retailing* e estudos de caso pela *Harvard Business Publishing*.

Rafael D'Andrea
Mestre em desenvolvimento pessoal e psicologia organizacional (*coaching*) pelo Insead, em Cingapura. Graduado em administração pela Faculdade de Economia, Administração e Contabilidade da Universidade de São Paulo (FEA/USP). Tem 20 anos de atuação em trade marketing no país e no exterior, com cargos de liderança na Bunge Alimentos, Kraft Foods e Danone. Recebeu o troféu Cultura Econômica (2011) pelo seu trabalho em shopper marketing. Fundador de empresa de shopper e trade marketing. Professor convidado do FGV Management.

Este livro foi impresso nas oficinas gráficas da Editora Vozes Ltda.,
Rua Frei Luís, 100 – Petrópolis, RJ.